ANALYSEN UND REFLEXIONEN
Band 38

Martin H. Ludwig

Thomas Mann

Gesellschaftliche Wirklichkeit und
Weltsicht in den

Buddenbrooks

Joachim Beyer Verlag – 96142 Hollfeld

2. verbesserte Auflage 1995

ISBN 3-88805-149-5
© 1979 by Joachim Beyer Verlag, 96142 Hollfeld
Alle Rechte vorbehalten!
Druck: Druckhaus Beyer GmbH, Langgasse 25, Hollfeld

INHALT

1. Be-Deutung der BUDDENBROOKS

1. Vorspann 5
2. BUDDENBROOKS als gültige repräsentative
   Schilderung für den gesellschaftlichen Verfall von
   ‚Bürgertum' und 19. Jahrhundert 6
3. Das Bürgertum – eine Klasse des Verfalls? 9
4. Zustimmung und Zweifel an der vorherrschenden
   Deutung durch sozialhistorische Interpreten 10

II. Sozialgeschichte des „Bürgertums" im 19. Jahrhundert

1. Allgemeine politische und wirtschaftliche Entwicklung 13
2. Das ‚Bildungs'-Bürgertum 14
3. Zur wirtschaftlichen Entwicklung Lübecks 16
4. Anmerkungen zur Lübecker Verfassung 17
5. Bemerkungen zum Vormärz und zu den Ereignissen
   der 1848-Revolution in Lübeck 18

III. Die BUDDENBROOKS. Bürgertum und Niedergang - Daten der immanenten Interpretation

1. Entwicklungslinien und Kontrapunkte des
   ‚Verfalls' in den BUDDENBROOKS.
   Der biologische Verfall 21
2. Zunehmende Überlagerung des Kaufmannssinnes
   durch künstlerisches Interesse und ‚Sublimierung' 25
3. ‚Schicksalsschläge' durch verfehlte Heiraten 28
4. Personen außerhalb des Geschäftsbereichs
   der Buddenbrookschen Firma:
   Gotthold, Christian, Gerda Buddenbrook 29
5. Geschäftliche ‚Schicksalsschläge'
   für die Firma Buddenbrooks 30
6. Wie weit reicht der „Verfall"? 34
7. Der Betrieb der Buddenbrooks und die wirtschaftspolitischen Aktivitäten seiner Inhaber 36

8. Erzählerische Perspektive zu Geschäft und Politik in den BUDDENBROOKS 43

IV. A. Die bürgerliche Familie - soziologische Darstellung 47

IV. B. Die Schilderung der Familie in den ‚BUDDENBROOKS'

1. Umriß der Familie in den BUDDENBROOKS 51
2. Der familiare Innenraum der BUDDENBROOKS 54
3. Das Weltbild aus der Perspektive des familiären Innenraums 56
4. Erzähltechnische Abstützung des statischen Weltbildes aus der Perspektive des Innenraumes der Familie 57
5. Bewertung der sozialgeschichtlichen Repräsentanz der BUDDENBROOKS 59

V. Thomas Mann und die ‚BUDDENBROOKS' als Repräsentanten einer Sozialperspektive

1. Schopenhauer als Repräsentant einer Sozialperspektive im Bildungsbürgertum 61
2. Weltbild Schopenhauers und „Fin-de-siécle-Stimmung" 62
3. Übereinstimmung und Berührungspunkte zwischen Schopenhauerschen Ansichten und den BUDDENBROOKS, Schopenhauer und Thomas Mann 64
4. Schopenhauer, literarische Strömungen und Thomas Mann 68
5. Thomas Mann: Biographische Entsprechungen zu den BUDDENBROOKS ? 70

VI. Zusammenfassung 74

VII. Anmerkungen 76

VIII. Literaturverzeichnis 89

I. Be-Deutung der BUDDENBROOKS'

1. Vorspann

Thomas Mann ist ein im In- und Ausland gleichermaßen bekannter Autor, gewiß, aber soll man sich - vielleicht auch noch in der Schule - gerade mit dem Wälzer BUDDENBROOKS befassen? Um einen Grund für die Empfehlung dieser Lektüre zu finden - zu nennen wäre etwa der Literatur-Nobelpreis, den Thomas Mann 1929 vor allem als Autor der BUDDENBROOKS zuerkannt erhielt -, braucht man nicht wie sonst üblich die Ehrfurcht vor den klassischen Autoren zu beschwören; in unserem Falle genügt die Beweiskraft der Zahl:
Der Roman, den der Verleger Fischer ursprünglich nur in einer um die Hälfte gekürzten Fassung drucken lassen wollte, und der deshalb in der ersten Auflage in vorsichtig kalkulierten, mageren 1 000 Exemplaren auf den literarischen Markt gebracht wurde, dieser Wälzer hatte bis 1930 1 000 000 deutsche Käufer gefunden, und bis heute sind daraus mehr als vier Millionen geworden. Die BUDDENBROOKS kann man also schwerlich als nur akademische Literatur für Seminarfüchse abtun, sondern man kann damit rechnen, daß der Roman bereits breite Leserschichten erreicht hat. Vielleicht frage man einmal seine Mutter oder die Großmutter.
Die BUDDENBROOKS eingehender zu betrachten, ist keine Angelegenheit literarischen Spezialistentums, vielmehr spricht man von einem Lesestoff, den viele bereits kennen - und übrigens auch aus anderen Medien kennenlernen können. Film und Theater haben sich des Stoffes der BUDDENBROOKS bereits bemächtigt, das Fernsehen folgt 1979 mit einer vielteiligen Serie.

2. BUDDENBROOKS als gültige repräsentative Schilderung für den gesellschaftlichen Verfall von ‚Bürgertum' und 19. Jahrhundert

Die Fabel der BUDDENBROOKS ist ohne Umschweife aus dem Romangeschehen herauszulesen. Die Sekundärliteratur, ob komprimiert oder ausführlich, ob älteren oder jüngeren Datums, gibt deshalb eine ziemlich einhellige Deutung: Die BUDDENBROOKS schildern - wie der Untertitel des Romans nahelegt - den „Verfall einer Familie", und zwar einer Kaufmannsfamilie. Die Geschichte des Niedergangs wird in einen äußeren und einen inneren Verfall gegliedert. Der äußere Verfall bezieht sich auf eine Stagnation im Unternehmen der Familie, einem Getreide- Im- und -Exporthandel. Der innere Verfall zeichnet sich ab in der Generationsfolge der männlichen Familienmitglieder durch einen schnelleren Verschleiß der Kräfte, einen frühen Tod und eine Abnahme der Fähigkeit zu zielgerichteter und produktiver Arbeit.[2]

Während der kaufmännische Niedergang einsinnig verläuft, wird der innere Verfall zum Teil dadurch wieder aufgewogen, daß die im Vorgang der Dekadenz wachsende psychologische Sensibilisierung und eine gewisse Vergeistigung auch positiv bewertet werden. In ihnen und durch die Hinwendung zur Kunst - hier vor allem der Musik - werden neue Möglichkeiten der menschlichen Enftaltung und des menschlichen Ausdrucksvermögens angedeutet.[3] Man hat hierin sogar eine forcierte Betonung neuer Humanität gesehen[4], muß aber zugestehen, daß in den BUDDENBROOKS keine positiven Antworten auf Fragen des menschlichen Zusammenlebens formuliert oder bildhaft vorgeführt werden.[5] Nach Kenntnis dieser Sinnzusammenhänge läge es nahe, in einer detaillierteren Untersuchung der Frage nachzugehen, wie die Fabel des Romans in der Komposition der Romanabschnitte durch inhaltliche Elemente und mit stilistischen Mitteln künstlerisch erfüllt wird.

Den Bahnen der Tradition literaturwissenschaftlicher Deutungen folgend, würde die Untersuchung schließlich auf einen noch umfassenderen symbolischen Gehalt der BUDDENBROOKS hinführen: Die BUDDENBROOKS gelten nämlich nicht einfach als Schilderung des Verfalls einer beliebigen

Familie, sondern der Roman wird bei aller Dominanz einer textimmanenten Interpretation auch sozialgeschichtlich verstanden, und zwar als die Niederlage eines alten patrizischen Bürgertums gegenüber der Geschäftemacherei einer neu aufkommenden rücksichtslosen kapitalistischen Konkurrenz.
Diese sozialgeschichtliche Deutung der BUDDENBROOKS faßt Georg Lukács, einst Vorbild der Thomas-Mann-Forschung in der DDR und weithin ein vielgeachteter Literaturinterpret, in die Worte:[6]

"[...] Hagenström und Buddenbrook; in der ersteren [Familie] haben wir jene Entwicklung des deutschen Bürgers zum Bourgeois in vollendeter Gestaltung, die Thomas Mann angeblich ‚verschlafen hat'. Er hat diese Entwicklung so wenig ‚verschlafen', daß sich die zweite Hälfte des Erstlingsromans wesentlich um die Achse dreht: Wer sind denn die wirklichen Bürger, die Hagenströms oder die Buddenbrooks?"

„[Der Roman] stellt das Absterben der alten Bourgeosie im engen Zusammenhang mit dem Absterben der besten bürgerlichen Tradition dar. Thomas Mann zeigt freilich nur skizzenhaft, nur die peripheren Erscheinungen darstellend, aber trotzdem nicht weniger in voller Deutlichkeit, wie sich an die Stelle der Bourgeoisie alten Schlages die Vorbilder der zeitgenössischen Bourgeoisie drängen: der kulturlose, egoistische, harte und abgeschmackte Kapitalist von heute."[7]

In einer Erweiterung des Verfallsverständnisses werden die BUDDENBROOKS schließlich als Paradigma für den Untergang des Bürgertums überhaupt gesehen:[8]

„Der Roman Thomas Manns ist ein elegisches Epos des bürgerlichen Verfalls."

Die sozialgeschichtliche Deutung kann sogar noch weiter getrieben werden, wie die Interpretation von Helmut Koopmann zeigt:[9]

„Es ist im Grunde genommen nicht nur der Verfall einer einzelnen Familie, der hier beschrieben wird - es ist der Verfall einer Welt und eines ganzen Jahrhunderts."

So wie die Familie der Buddenbrooks durch Tod verkleinert wird und schließlich in alle Richtungen auseinandergeht,

"So endet auch das Jahrhundert. Die Buddenbrooks sind, so individuell sie auch im Einzelnen beschrieben sein mögen, Repräsentanten einer verfallenden Welt; ihr Niedergang hat paradigmatische Bedeutung."[10]

So herrscht weit und breit in der Interpretation der BUDDENBROOKS mit einigen Variationen die opinoio communis[10a] vor, die in den BUDDENBROOKS das Paradigma für einen Vorgang der gesellschaftlichen Wirklichkeit sieht, ja mehr noch: nicht nur als ein literarisches Sinnbild wird der Roman verstanden, sondern als die adäquate Darstellung der Wirklichkeit selbst. Diese Wirklichkeit besteht in dem Verfall des Bürgertums oder gar der gesamten bürgerlichen Epoche.

Es besteht auch deshalb kaum ein Zweifel an diesem Verständnis, weil Thomas Mann selbst diesen globalen Sinngehalt wiederholt vorgetragen hat. So wie Thomas Mann sich überhaupt als Repräsentant nicht nur partikularer Interessen, sondern des ganzen Bürgertums empfand, so begriff er die Darstellung der Familienereignisse der Lübecker BUDDENBROOKS als „Seelengeschichte des europäischen Bürgertums"[11] und sah in dem Verfall der Lübecker Familie ein allgemeines Charakteristikum des Bürgertums. Zwar war sich Thomas Mann während des Schreibprozesses am Manuskript der BUDDENBROOKS einer Repräsentanz über den Bereich einer beliebigen Familienschilderung hinaus nicht bewußt, hat dann aber schnell, auch infolge von Äußerungen der Literaturkritik, den Habitus des Repräsentanten angenommen.[12] Der globale Sinngehalt wird von Thomas Mann nach vielen vorangegangenen ähnlichen Äußerungen in die folgenden Worte gefaßt:[13]

„Den ‚Verfall einer Familie', einer einzelnen hanseatisch-norddeutschen, hatte es [‚das Frühwerk' BUDDENBROOKS] mit den eben errungenen, den lernend eroberten Mitteln des naturalistischen Romans zu schildern unternommen, aber es fand sich, daß an seinen Bildern, Charakteren, Stimmungen und Schicksalen das europäische Bürgertum überhaupt sich wiedererkannte, sich und seine seelische Situation um die Jahrhundertwende, von wo es knapp anderthalb Jahrzehnte nur noch bis zum Ausbruch des ersten Weltkrieges, zum Beginn der Weltrevolution und zum Ende des bürgerlichen Zeitalters waren."

Weil Literaturkritiker und -wissenschaftler den vielfältigen Mannschen Selbstinterpretationen gern nachfolgen, ist auch das Deutungsschema einer allgemeinen solzialgeschichtlichen Repräsentanz der BUDDENBROOKS im Sinne eines allseitigen Niedergangs des Bürgertums in der literaturwissenschaftlichen Betrachtung von Thomas Mann weitgehend verfestigt. Der Kreislauf von Interpretation und Mannscher Selbstinterpretation wurde massiv deutlich in den Fernsehbeiträgen zum hundertsten Geburtstag Thomas Manns im Jahre 1975.

Sowohl populäre Beiträge vermeldeten den Untergang des Bürgertums allgemein wie auch der Schriftsteller, Kritiker und Literaturwissenschaftler Walter Jens, der seinen Fernsehessay bezeichnenderweise mit dem Titel „Der letzte Bürger" versah.[14]

3. Das Bürgertum - eine Klasse des Verfalls?

Große Worte also fallen über die Sinnbezüge der BUDDEN-BROOKS zur Sozialgeschichte. Ganze Schichten, ja, ein Jahrhundert gar gehen unter. Kann man aber tatsächlich all diese umfassend gemeinten sozialen Sinnbezüge der BUDDENBROOKS auch rechtfertigen? Ist das Bürgertum im ganzen scharf genug ins Auge gefaßt? Wird „Bürgertum" ausreichend differenziert? Und: trifft die globale Verfallstimmung auf das gesamte „Bürgertum" zu?

Bei einer Differenzierung des Begriffs vom Bürgertum nämlich können leicht Zweifel gegen eine Deutung der bürgerlichen Geschichte des 19. und 20. Jahrhunderts als die eines Verfalls erhoben werden. So wehrt sich etwa W. Wiltschegg gegen die Übertragung eines Dekadenzverständnisses auf die Geschichte eines Teils des Bürgertums, der Unternehmer:

„Diese Spuren [Strukturveränderungen im Unternehmertum] hat Edgar Salin - wie so oft - in unerträglicher Weise überzeichnet, als er dem ‚frühkapitalistischen' Unternehmer Entschlossenheit, Zähigkeit, Kühnheit, Sinn für Rechenhaftigkeit' dem ‚hoch-kapitalistischen' Unternehmer Spürsinn, Unermüdlichkeit, Fortschrittlichkeit' Organisationstalent und Rücksichtslosigkeit, aber fehlende Vitalität und schließlich dem ‚spätkapitalistischen' Unternehmer unserer Tage lediglich Risikoscheu und Bürokratismus nachsagte. Ist denn das, was seit 1900, seit 1930 und vor allem seit 1945 in Europa geschaffen wurde - eine neue Wirtschaftswelt! - nur diesen beiden Negativeigenschaften zuzuschreiben? So geht es also nicht."[15]

Die Zweifel gegen ein allgemeines Niedergangsschema werden gestützt durch eine Erinnerung an den Aufschwung des Bürgertums im 19. Jahrhundert. Und: Hat sich nicht gerade im Bürgertum Optimismus gezeigt[16] und führte man nicht aus Stolz und Freude über die vollbrachte Leistung auch bisweilen einem Lesepublikum den Prozeß des Aufbaus technischer Systeme und wirtschaftlicher Verbindungen vor? Werner von Siemens etwa schilderte die wirtschaftlichen und technischen Aktivitäten seiner Firma auch als Ausfaltungs-, Entwicklungs- und Aufstiegsprozeß einer Familie. Es waren also auch Kontrabilder zu den BUDDENBROOKS in jener Zeit möglich.[17]

Ohne die genannten Einwände gegen ein globales und gegen ein Verfallsbild vom „Bürgertum" in Einzelheiten weiterzuverfolgen und ihnen in alle Sinnbezüge nachzugehen, kann man doch erkennen, daß die Einwände einen Problemhorizont andeuten, der die Frage aufwirft, welche Bereiche der Sozialgeschichte und der gesellschaftlichen Wirklichkeit nun tatsächlich in den BUDDENBROOKS repräsentiert werden.

4. Zustimmung und Zweifel an der vorherrschenden Deutung durch sozial historische Interpreten

Nur wenige literaturwissenschaftliche Untersuchungen sind bisher der Frage der Reichweite der sozialhistorischen Reichweite der BUDDENBROOKS gezielt nachgegangen. Diejenige Untersuchung, die - soweit ich sehe - mit dem größten Aufwand an soziologischen und sozialhistorischen Untersuchungen Vergleiche zwischen wissenschaftlicher und literarischer Darstellung gesellschaftlicher Wirklichkeit angestellt hat, nämlich Helmut Graus Dissertation „Die Darstellung gesellschaftlicher Wirklichkeit im Frühwerk Thomas Manns" kommt nach all den sozialhistorischen Vergleichstexten in ihren Schlußfolgerungen schließlich auch nur zu einer massiven Unterstützung der Auffassungen des Georg Lukács:[18]

„Der Untergang der Buddenbrooks ist nicht ein naturgesetzlich familienimmanenter Zerfallsprozeß, sondern er entsteht aus dem Zusammenprall einer bestimmten Familientradition mit einer Umwelt, die sich inzwischen gewandelt hat hin zu einem entpersönlichten Arbeitsprozeß, technischem Fortschritt, Industrialisierung und einer Verstärkung des Konkurrenzkampfes. Die Geschichte dieser Familie steht stellvertretend für den allgemeinen Entwicklungsprozeß großer Teile des Bürgertums im 19. Jahrhundert, wie auch das gesamte Frühwerk Thomas Manns eine aus der gesellschaftlichen Wirklichkeit erwachsende Problematik bürgerlichen Daseins darstellt."

„Thomas Mann hat in seinem Roman die bürgerliche Welt vom ersten bis zum letzten Drittel des 19. Jahrhunderts geschildert, ihren Aufstieg und ihren Verfall, aber auch die Gründe dieser Abwärtsentwicklung. Lukács Hinweis auf die in den ‚Buddenbrooks' dargestellte Antinomie zwischen der absterbenden Patrizierfamilie und der neu heraufsteigenden Bourgeoisie der Hagenströms berechtigt zu der Folgerung: „Dann aber sind die Buddenbrooks nicht einfach ein untergehendes Geschlecht, sondern - mit all ihren in die Dekadenz hinüberschillernden Zügen - die Träger einer bürgerlichen Kultur, die einst Deutschlands Stolz gewesen" [Lukács]. Die Familie Buddenbrook, alten, überkommenen Vorstellungswelten verpflichtet, scheitert an den sich ändernden wirtschaftlichen und gesellschaftlichen Verhältnissen der Zeit."[19]

„Thomas Buddenbrook ist der Repräsentant des Bürgertums, das die Bindungen an Tradition der Vergangenheit nicht aufgeben kann und dadurch in Konflikt mit den veränderten Verhältnissen der Gegenwart gerät, eine Gegenwart, die durch die Entfaltung des Kapitalismus und des unerbittlichen Konkurrenzkampfes geprägt ist. Der Bürger, der sich dieser Entwicklung nicht anzupassen vermag, wird von dieser überrannt. Thomas Mann zeigt, wie die ursprüngliche Harmonie alten bürgerlichen Lebensstils in einer wirtschaftlich veränderten Zeit, eben der des beginnenden Kapitalismus, konfrontiert wird mit den neuen gesellschaftlichen Lebensbedingungen. Er zeigt, daß die dem alten Lebensstil und den alten geschäftlichen Traditionen verpflichtete Famile Buddenbrook sich der veränderten Lage nicht anpassen kann. Die Folge dieser Nichtanpassung an die veränderten wirtschaftlichen und gesellschaftlichen Verhältnisse ist der Verfall oder der Untergang dieser Familie, wie es ja auch der Untertitel des Romans verrät."[20]

Freilich hat es in letzter Zeit auch Zweifel an einer derart weitreichenden gesellschaftlichen Repräsentanz der BUDDENBROOKS gegeben.

In der Folge eines literaturwissenschaftlichen Außenseiters, des Nestors der DDR-Wirtschaftsgeschichte, des Berliners Jürgen Kuczynski[21], hat Michael Zeller[22] die Repräsentanz der BUDDENBROOKS für die Geschichte des Bürgertums bestritten. Zeller zieht in einer geistesgeschichtlichen Revue eine Vielzahl vergangener und gegenwärtiger Deuter derjenigen Begriffsinhalte, die die Bestimmungen „Bürger" und „Bourgeois" bezeichnen können, zu Rate. Er kommt zu dem Ergebnis, daß zwischen den Romangestalten des Thomas Buddenbrook und Hinrich Hagenströms die nötige Trennschärfe fehlt, um sie als „Bürger" und „Bourgeois" auseinanderhalten zu können. Die Charkateristiken der beiden Gegenspieler zeigten lediglich graduelle Unterschiede.[24]

Vor dem Hintergrund eines sozialhistorischen Verständnisses à la Lukács, daß ja der alte ‚Bürger' im Verlauf des neunzehnten Jahrhunderts in den dem Gemeinwesen verpflichteten Staatsbürger und in den nur auf wirtschaftlichen Vorteil bedachten Besitzbürger, also in eine altruistische und eine egoistische Seite zerfalle, wobei der altruistische Bürger schließlich unterliege - vor diesem sozialhistorischen Hintergrund erklärt Zeller nunmehr Thomas Manns Darstellung des Bürgertums in den BUDDENBROOKS als ein ‚Ausweichen vor dem Verständnis der Gegenwart', ja als ‚Verstellung des kritischen Einblicks in die Zusammenhänge seiner Zeit'. Auch Zeller kann sich auf eine Selbstinterpretation Thomas Manns berufen - diesmal im

Gegensatz zu Georg Lukács, der diese Selbstdeutung Thomas Manns als nicht zutreffend erklärt: Zeller verweist auf die Äußerung, mit der Thomas Mann in den BETRACHTUNGEN EINES UNPOLITISCHEN behauptet hatte, er habe die Entwicklung des „Bürgers" zum „Bourgeois" „verschlafen".[24, 25]

Wie denn? Die BUDDENBROOKS nichts als ein Traumspiel? Ein Roman, der in einer fiktiven Welt spielt, die sich ein Autor in romantischer Manier selbst schafft?[26] Oder ein Trivialschmöker, gut um brennende gesellschaftliche Fragen zu betäuben, aber ohne jede Aussagekraft über die soziale Realität?

Wären diese Fragen mit ja zu beantworten, so könnte man die BUDDENBROOKS getrost beiseite legen oder gerade noch für die Märchenstunde reservieren. Aber hat man es bei den Millionen von Lesern der BUDDENBROOKS ausschließlich mit Märchenliebhabern zu tun? Das kann man kaum glauben. Doch ganz vordergründig scheint die soziale Repräsentanz der BUDDENBROOKS eben nicht zu sein. Um hier Klarheit zu schaffen, ist eine nochmalige Überprüfung des Realitätsgehaltes, der tatsächlichen Repräsentanz der BUDDENBROOKS angebracht. Das geschieht im folgenden mithilfe blockweiser Darstellung sozialhistorischer Zusammenhänge.[27]

II. Sozialgeschichte des „Bürgertums" im 19. Jahrhundert

1. Allgemeine politische und wirtschaftliche Entwicklungen[1]

Das Bürgertum erkämpfte sich im Laufe des 19. Jahrhunderts, wenn auch nicht die politische Gewalt, so doch weitgehend die wirtschaftliche Macht und Unabhängigkeit. Bis zur Revolution von 1848 wirkten die zum Teil ruinösen, für Heereslieferanten aber auch lukrativen, napoleonischen Kriege und die nachfolgende Überschwemmung des Kontinents mit englischen Industrieerzeugnissen hemmend auf die unternehmerische Initiative und auf einen wirtschaftlichen Aufschwung.
Dennoch wurden schon im Vormärz die Grundlagen für den „takeoff" der fünfziger Jahre gelegt. Dabei spielte eine im liberalistischen Sinne aufgeklärte Staatsbürokratie - vor allem in Preußen - eine treibende Rolle. Die Verbindung persönlicher Freiheiten für das Wirtschaftssubjekt mit der Garantie von Ruhe und Ordnung durch die noch feudalistisch abgesicherte Staatsmacht spielte sich in der ersten Hälfte des 19. Jahrhunderts ein. Im Gefolge dieser rechtspolitischen Konstellation setzte sich eine Abgrenzung des Bürgertums gegen die unteren Schichten und deren demokratischen Bestrebungen durch. Bürgerliche Werte waren Recht auf Eigentum und Schutz desselben, Schutz der Persönlichkeit vor staatlichen Übergriffen, Presse- und Versammlungsrecht, Vertragsfreiheit, eine Verfassung, die meist auf eine konstitutionelle Monarchie hinauslief, und ein Wahlrecht, das von Zensusbeschränkungen bis zum allgemeinen Stimmrecht reichen konnte. Ansonsten vertraute man darauf, daß das Prinzip der freien Konkurrenz den Tüchtigsten leistungsgerecht belohnen würde.
Wenn auch nicht immer in einem gradlinigem und ungebrochenen Prozeß, so doch aus der Rückschau unaufhaltsam, wurden seit den dreißiger Jahren die Bedingungen für ein entwickeltes Wirtschaftssystem geschaffen. Ein Markt nationalen Ausmaßes wurde 1834 mit der Gründung des Zollvereins geschaffen, es folgte der Aufbau eines schnellen und umfassenden Transport- und Nachrichtenwesens (Eisenbahn, Dampfschiffahrt, Telegraf) - Mit der Industrialisierung ging die Verein-

heitlichung von Massenprodukten einher, die den Aufbau eines großen Vertriebs- und Vertreternetzes ermöglichten und förderten. Eine Spezialisierung von Wirtschaftstätigkeiten setzte ein und löste die traditionellen Allround-Betriebe ab. Beispiele sind Grossisten, Speditionen, Lagerhausgesellschaften, Reedereien. Wesentlich für den Aufschwung der Wirtschaft waren auch die Ausweitung des Kreditvolumens durch den Ausbau von Banken und die Gründung von Aktiengesellschaften. Vermögen wurde nicht mehr wie früher nur für die Notfälle des Lebens zurückgelegt, gehortet, sondern auf der Suche nach einem finanziellen Gewinn angelegt.

2. Das ‚Bildungs'-Bürgertum

Sind bis jetzt auch die dominierenden Züge der Geschichte des Bürgertums im 19. Jahrhundert nachgezeichnet worden, so doch nicht die für das Bürgertum allgemein repräsentativen. „Besitz und Bildung" nämlich, diese das Bürgertum kennzeichnende Formel[2], verweist nicht nur auf zusammengehörende Faktoren des bürgerlichen Status, sie signalisiert auch Gegensätze. Ein besonderes Bildungsbürgertum entwickelt sich im Laufe des 19. Jahrhunderts mit dem Ausbau und der zunehmenden Professionalisierung der staatlichen Bürokratie.[3] Die höheren Beamten, die Juristen, Offiziere, Professoren, Lehrer, Pastoren und Mediziner im Staatsdienst unterschieden sich von einem durch wirtschaftliche Tätigkeit gekennzeichneten Bürgertum dadurch, daß sie ihren Lebensunterhalt eben nicht einer wirtschaftlichen Beschäftigung verdankten, sondern dem Staat.

Dabei mußte über den Charakter des Staates und seine Beziehung zum kapitalistischen Wirtschaftssystem nicht nachgedacht werden. Loyalität allein schon sicherte den Lebensunterhalt. Da man die Gefahr des wirtschaftlichen Ruins nicht kannte, im allgemeinen ein ruhiges Berufsleben vor sich hatte - Auseinandersetzungen gab es höchstens um die nächste Beförderungsstufe - und sich über die Herkunft des Einkommens keine Rechenschaft abzulegen brauchte, bewahrte man in dieser Schicht des gehobenen Beamtenhaushalts eine relative Unkenntnis der wirtschaftlichen Welt und ihrer Ungerechtigkeiten. Zudem unterließ man aus Loyalität gegenüber dem Geldgeber meist eine kritisch-politische Beschäftigung. Bevorzugte Felder der außerberuflichen Betätigung wurden so ruhige Gelehrsamkeit, Naturliebe und das gemütliche Familienleben. Dennoch, bei aller Sicherheit des Lebensunterhalts und Beschaulichkeit der Lebensführung blieb ein Unbehagen: „Hinter der Fassade von Bildung und ‚angesehenem Amt' blieben Ohnmachtsgefühle gegenüber der politischen Realität kennzeichnend für diese Schicht."[4]

Zu dieser Ohnmachtsstimmung gehört in einer Wechselbeziehung die neuhumanistische Bildung, die nach der Konzeption Wilhelm von Humboldts auf den Gymnasien vermittelt wurde.[5] Die gymnasiale Bildung war „wirtschaftsabgewandt", wenn nicht gar „wirtschaftsfeindlich"[6], die Berufsausbildung hingegen ‚bildungsfern' organisiert. Einer Welt der Ideale stand so im Bewußtsein des Bildungsbürgertums eine unbeeinflußbare Welt der Politik und eine unverstandene Sphäre des Wirtschaftens gegenüber. Es blieb die Anpassung an die wirtschaftliche und technische Entwicklung vermittels eines Fortschrittoptimismus und an das politische Geschehen durch forcierten Patriotismus und Nationalismus oder die (private) Resignation. Das Bewußtseinsmuster der Resignation dürfte im besonderen Maße für einen Teil des Bildungsbürgertums in einem engeren Sinne, nämlich für diejenigen Bildungsbürger gelten, die sich auch nach der gymnasialen Ausbildung auf der Universität mit den eigentlichen, humanistischen Bildungsgütern befassen und sie später im Beruf an der Universität, an der Schule, an anderen öffentlichen Bildungseinrichtungen und als Kritiker im Kulturbetrieb weiter vermitteln. Diese Bürger verlassen zeitlebens nicht den ‚bildungsbürgerlichen Lebensraum' - Eine antitechnische Kulturkritik, die ‚Technik' zur Schicksalsmacht hypostasiert, die den Menschen mit Entseelung und Vernichtung bedroht, ist bis in unsere Zeit ein Anzeiger der Ohnmachtsgefühle des Bildungsbürgertums.[7]

3. Zur wirtschaftlichen Entwicklung Lübecks[8]

Die große Zeit des Lübecker Handels schwand mit der Verlagerung des Welthandels auf die Ozeane, die im Gefolge des Zeitalters der Entdeckungen vor sich ging. In ihrem nunmehr begrenzten Einflußbereich versuchten die Lübecker freilich immer noch, gleichsam ‚imperialistisch' aufzutreten. Die Lübekker betrieben eine protektionistische Sicherung des eigenen Wirtschaftsgebietes, schlossen, wenn immer es sich einrichten ließ, Dritte vom Handel im eigenen Einflußbereich aus und forderten für diejenigen Märkte, die durch eigene Macht nicht kontrolliert werden konnten, eine uneingeschränkte Freihandelspolitik.[8a]

Im 19. Jahrhundert hatte Lübeck zunächst die Katastrophe der Franzosenzeit zu überwinden. 1806 wurde Lübeck von den Franzosen geplündert, 1810/11 in das französische Kaiserreich eingegliedert und mit erheblichen Kriegsabgaben und Kontributionen belastet. Infolge dieser Belastungen gingen 92 Firmen und Bankhäuser, darunter einige der angesehensten, in Konkurs. Die Schäden der napoleonischen Zeit waren so erheblich, daß die Abtragung der dabei aufgenommenen Schulden bis 1881 dauerte. Trotzdem hat Lübeck im Handel mit den Ostseeländern bis in die 60er Jahre hinein eine führende Stellung behauptet. Schon frühzeitig wurden regelmäßige Dampferverbindungen zu wichtigen skandinavischen Häfen eingerichtet, und lange Zeit galt die Dampferroute Travemünde-Petersburg als bequemster - und auch privilegierter - Weg von Rußland nach Europa. Lübecks Bedeutung für den Ostseehandel bewirkte dann auch ein Eingreifen der Anliegerstaaten der Ostsee zugunsten Lübecks im Streit mit der dänischen Regierung, als es darum ging, Lübeck an das deutsche Verkehrsnetz anzuschließen. Lange Zeit allerdings konnte Dänemark, das über Holstein und Lauenburg gebot, Verkehrsverbindungen Lübecks mit dem übrigen Deutschland mit Erfolg beeinträchtigen oder verhindern. Eine direkte Eisenbahnverbindung zwischen Lübeck und Hamburg hätte schon in den dreißiger Jahren gebaut werden können, scheiterte aber an einem kategorischen Nein der dänischen Regierung. Ein Ersatz wurde erst 1851 mit dem Anschluß an die Hamburg-Berliner Bahn in

Büchen geschaffen. Mit dem Bau einer direkten Verbindung nach Hamburg mußte man bis nach dem deutsch-dänischen Krieg warten. Sogar die Chaussee nach Hamburg, eine Straße von internationaler Bedeutung, wurde von der dänischen Regierung in einem ziemlich verfallenen Zustand belassen. Der holsteinische Durchgangszoll wurde erst 1857 ermäßigt, als auch der Sundzoll auf Verlangen der am Ostseehandel beteiligten Staaten aufgehoben wurde. Lübecks wirtschaftlicher Aufschwung in der zweiten Hälfte des 19. Jahrhunderts war beträchtlich, dennoch wurde im Vergleich zu anderen Städten die beherrschende Position verloren. Das lange Ausgeschlossensein vom Zollverein und seinem Markt machte sich ebenso bemerkbar - erst 1867 trat Lübeck dem Zollverein bei - wie die relative Ferne zum wachsenden Wirtschaftszentrum Berlin. Stettin überflügelte wegen seiner Funktion als Hafen Berlins die alte ‚Hauptstadt' der Hanse beträchtlich. Mit dem Bau des Nord-Ostsee-Kanals am Ausgang des Jahrhunderts schließlich wurde Lübeck ein relativ mittlerer Handelsplatz im Ostseeverkehr, obwohl an absoluten Zahlen gemessen die Wirtschaftsentwicklung der Stadt positiv verlief. Lübecks Ostseehandel erreichte in der Folgezeit nurmehr einen Bruchteil des von Hamburg aus abgewickelten Handels mit den Ostseestaaten.

4. Anmerkungen zur Lübecker Verfassung

Einen Eindruck auf die Gesellschaftsstruktur Lübecks vermitteln einige Hinweise auf die Lübecker Verfassung. Die im Bürgerprozeß von 1669 geregelten Machtverteilungen galten - mit einer Unterbrechung während der Franzosenzeit - bis 1848. Danach wurde die exekutive und auch die oberste judikative Gewalt vom Rat der Stadt ausgeübt. Der Rat ergänzte sich selbst durch Zuwahl, Ratsherr oder Senator wurde man auf Lebenszeit. Drei Schichten der städtischen Bürger waren ratsfähig: Die alten Patrizierfamilien, die (Rechts-) Gelehrten und die (Fernhandels-) Kaufleute. Die Patrizier waren ursprünglich ebenfalls Kaufleute, hatten sich aber im Laufe der Zeit durch die Anlage ihrer Gewinne in Güterkäufen feudalisiert und führten mehr ein junkerliches Rentnerdasein als ein kaufmännisches Leben. Sie waren im übrigen die Verlierer der machtpolitischen Auseinandersetzungen, die zum Bürgerrezeß führen, die Kaufleute die Gewinner. Weitere ‚öffentliche' Vertretungen waren die ständisch gegliederten ‚bürgerlichen' Kollegien der Krämer, Ladenbesitzer und Handwerker. Sie mußten nur bei weitreichender und besonderen Entscheidungen der Staatsgewalt mit vollem Stimmrecht herangezogen werden, also wenn es etwa um Krieg und Frieden, Bündnisse oder Sondersteuern ging. Nach den napoleonischen Kriegen schlug der Senat selbst eine Beteiligung der bürgerlichen Kollegien an der Senatorenwahl und eine allgemeine bürgerliche Vertretung vor, scheiterte aber am Widerstand der Kaufleute, der „kommerzierenden Kollegien". Lediglich eine Straffung der exekutiven Organe und eine Vereinheitlichung der Rechtsprechung wurde in Angriff genommen.

5. Bemerkungen zum Vormärz und zu den Ereignissen der 1848-Revolution in Lübeck

In der Zeit des Vormärz regten sich auch in Lübeck oppositionelle Kreise, die sogar über eine politische Presse verfügten. 1847 fand der zweite Germanistentag[9] mit den Brüdern Grimm, Ludwig Uhland und den Historikern Dahlmann und Waitz an der Spitze in Lübeck statt. Neben bürgerlich liberalen Forderungen wurden nationale Belange erörtert. Unter dem nationalstaatlichen Gesichtspunkt war gerade Lübeck als Tagungsort ausgewählt worden, da es sowohl als Idol der Vergangenheit - als alte mächtige Handelsstadt - wie der Gegenwart - als Vorposten gegen eine dänische Bedrohung in der Schleswig-Holstein-Frage - galt, nachdem 1846 die dänische Regierung die Auflösung der Einheit der Herzogtümer Schleswig und Holstein und die zukünftige Einbeziehung Schleswigs in das dänische Königreich angekündigt hatte.
Die oppositionellen Bestrebungen des Vormärz führten schon zu Beginn der vierziger Jahre zu Beratungen über eine neue Verfassung, die schließlich im April 1848 in Kraft trat. Sie sah eine Erweiterung der politischen Rechte der Bürgerschaft vor,

die fortan in einer allgemeinen statt in vielen ständischen Vertretungen ausgeübt wurden. Das Wahlrecht blieb allerdings auf Leute mit Bürgerrecht beschränkt. Im Dezember 1848 wurde die neue Verfassung weiter gebildet, indem man die Abgeordneten der Bürgerschaft jetzt nach allgemeinem und gleichem Wahlrecht von Bürgern und Einwohnern der Stadt wählen ließ. Als Bindeglied zwischen Senat und Bürgerschaft wurde als neues Organ der Bürgerausschuß eingeschoben, der die zur Entscheidung anstehenden Vorgänge aufbereitete. Die ständischen Gliederungen von Kaufleuten und ‚Bürgern' wurden aufgelöst. Alle kaufmännischen Berufe schlossen sich in einer Handelskammer zusammen, die Handwerker folgten mit der Bildung einer Gewerbekammer.
Über die Stimmung und Vorgänge im Revolutionsjahr nun noch ein Zitat aus einer beschaulichen Darstellung Lübecker Sehenswürdigkeiten und Altertümer:[10]
„Als der Sturmwind des Jahres 1848 auch über Lübeck hinwegbrauste, wurden in der reformierten Kirche die Bürgerschaftsverhandlungen abgehalten. Schon im März hatte der Senat die schwarz-rot-goldene Kokarde angelegt, selbst die Damen trugen diese Farben an Schleifen und Gürteln, aber da überall Revolution war und da man überall nach einer Republik verlangte, gab es auch hier Leute, die die oft gehörten unverstandenen Schlagworte nachbrüllten und als die aufgeregte Menge einst gefragt wurde, was sie eigentlich wolle, schrie alles durcheinander: „Wir wollen eine Republik!" Es nützte nichts, daß man den Leuten erklärte: „Wir haben doch schon von jeher eine Republik, die älteste, die überhaupt noch vorhanden ist!" sie johlten unentwegt weiter. Darüber konnte man allenfalls noch lachen, am 9. Oktober aber, als die Bürgerschaft das Wahlgesetz der neuen Verfassung beriet, wurde die Sache doch sehr ernst. Ein Pöbelhaufe, den der Zimmerergeselle Witte führte, drang in die reformierte Kirche ein und forderte eine ‚neue' Verfassung. Es drängten immer mehr Leute nach und niemand wurde aus der Bürgerschaftsversammlung herausgelassen, wer sich trotzdem den Weg erzwingen wollte, wurde mißhandelt. Der Senat sandte das Militär zur Hilfe der bedrohten Abgeordneten, die Soldaten verweigerten jedoch den Gehorsam, die Lage der Eingeschlossenen wurde immer

verzweifelter, bis der Hauptmann der Bürgergarde, Grevesmühl, erschien und scharfe Schüsse abgeben ließ. Die Bürgerschaftsversammlungen wurden von da an im Ebbe'schen Lokal in der Beckergrube abgehalten."
Um für die Ruhe in der Stadt zu garantieren, wurden im übrigen vom Senat Truppen aus Mecklenburg und Oldenburg bis zum Februar 1849 in der Stadt behalten.

III. Die Buddenbrooks. Bürgertum und Niedergang - Daten der Immanenten Interpretation

1. Entwicklungslinien und Kontrapunkte des ‚Verfalls' in den BUDDENBROOKS

Den ‚Verfall' also signalisieren die „‚Buddenbrooks', diese Geschichte der Veredelung, Sublimierung und Entartung eines deutschen Bürgerstammes, dies zweifellos sehr deutsche Buch, welches aber ebenso unzweifelhaft auch ein Merkmal nationalen Gesundheitsabstiegs ist"[1].

Weil es so offensichtlich scheint, und weil der Leser bei der Lektüre ohne Schwierigkeiten verschiedene Entwicklungslinien und Kontrapunkte einer wachsenden ‚Sensibilität' und eines stetigen ‚Verfalls' der Familie wahrnehmen kann, muß auch die Fragestellung der Untersuchung zunächst den traditionellen Bahnen der kommentierenden immanenten Interpretation folgen. Auf diese Weise werden dann die Daten und Strukturen der literarischen Aussage für die Abschätzung der sozialhistorischen Repräsentanz der BUDDENBROOKS zur Verfügung gestellt.

Der biologische Verfall

In der Generationsfolge der vier männlichen Buddenbrooks in gerader Linie, nämlich Johann dem Älteren, ‚Jean', Thomas und Hanno, nimmt die Lebenstüchtigkeit unaufhaltsam ab. Die Nachfolgenden erreichen nicht mehr das Alter der Vorfahren, und in der Art, wie die einzelnen Buddenbrooks zu Tode kommen, malt der Autor plastisch aus, daß immer brutaler und früher Krankheiten den Lebensfaden der Buddenbrooks abschneiden.

Der alte Johann Buddenbrook stirbt, nachdem er seine Geschäfte ordnungsgemäß dem Sohn übertragen hat, noch eines vergleichsweise ‚natürlichen' Todes. Er hat ein Alter erreicht, in dem er eben den Verlust der Ehefrau nicht mehr überwinden kann. Nach kurzer Zeit folgt er der Gemahlin im Tode nach.[2]

Der jüngere Johann Buddenbrook, der Konsul, noch auf der Höhe seines Schaffens, stirbt an Kreislauf- und Herzversagen, das durch außergewöhnliche klimatische Konstellationen infolge einer andauernden Gewitterschwüle veranlaßt wird.[3]

Um die Umstände des Todes der beiden älteren Buddenbrooks zu erzählen, genügen dem Autor noch jeweils eine gute Buchseite. Erheblich ausführlicher malt er die Krankheitsbilder, die Krankheitsempfindungen und die Todesgeschichten der beiden nachfolgenden Buddenbrooks Thomas und Hanno aus. Als äußeres Anzeichen der schwindenden Lebenskraft notiert der Autor mangelhafte Zähne. Thomas Buddenbrook hat schon mit sechzehn Jahren „ziemlich mangelhafte(n) Zähne"[4] und sein Tod tritt schließlich ‚durch einen Zahn ein', wie es der Volksmund kolportiert:[5]

„An einem Zahne ... Senator Buddenbrook war an einem Zahne gestorben, hieß es in der Stadt. Aber, zum Donnerwetter, daran starb man doch nicht! Er hatte Schmerzen gehabt, Herr Brecht hatte ihm die Krone abgebrochen, und daraufhin war er auf der Straße einfach umgefallen. War dergleichen erhört? ...

Hanno als letzter des Geschlechts hat überhaupt von Anbeginn an eine schwächliche und kränkliche Konstitution. Allein über seine schadhaften Zähne weiß der Erzähler nun schon eine ganze Episode zu erzählen:[6]

„Hannos Gesundheit war immer zart gewesen. Besonders seine Zähne hatten von jeher die Ursachen von mancherlei schmerzhaften Störungen und Beschwerden ausgemacht. Das Hervorbrechen der Milchzähne mit seiner Gefolgschaft von Fieber und Krämpfen hatte ihn beinah das Leben gekostet, und dann hatte sein Zahnfleisch stets zur Entzündung und zur Bildung von Geschwüren geneigt, die Mamsell Jungmann, wenn sie reif waren, mit einer Stecknadel zu öffnen pflegte. Jetzt, zur Zeit des Zahnwechsels, waren die Leiden noch größer. Schmerzen kamen, die fast über Hanno's Kräfte gingen, und schlaflos, unter leisem Stöhnen und Weinen in einem matten Fieber, das keine andere Ursache als eben den Schmerz hatte, verbrachte er ganze Nächte. Die Zähne, die äußerlich so schön und so weiß wie die seiner Mutter, dabei aber außerordentlich weich und verletztlich waren, wuchsen falsch, sie bedrängten einander, und damit allen diesen Übelständen gesteuert würde, mußte der kleine Johann einen furchtbaren Menschen in sein junges Leben eintreten sehen: Herrn Brecht, den Zahnarzt Brecht in der Mühlenstraße ..."

... und es folgt die lebhafte Schilderung der schmerzhaften Behandlungen im Marterstuhl des Zahnarztes.

Immer wieder stellt der Autor diejenigen Empfindungen des Thomas Buddenbrook dar, in denen der Senator im Kontrast zu seinen Ämtern, Würden und Aktivitäten in der Hansestadt von Schwäche und Todesahnung geplagt ist:[7]

„Wenn das Merkwürdige zu beobachten war, daß gleichzeitig seine ‚Eitelkeit', das heißt dieses Bedürfnis, sich körperlich zu erquicken, zu erneuern, mehrere Male am Tage die Kleidung zu wechseln, sich wiederherzustellen und morgenfrisch zu machen, in auffälliger Weise zunahm, so bedeutete das, obgleich Thomas Buddenbrook kaum siebenunddreißig Jahre zählte, ganz einfach ein Nachlassen seiner Spannung, eine raschere Abnützbarkeit . . ."

Was der Erzähler frühzeitig andeutet, nimmt später schnell weitaus schärfere Formen an:[8]

„Denn es war an dem, daß Thomas Buddenbrook, achtundvierzig Jahre alt, seine Tage mehr und mehr als gezählt betrachtete und mit seinem nahen Tode zu rechnen begann.

Sein körperliches Befinden hatte sich verschlechtert. Appetit- und Schlaflosigkeit, Schwindel und jene Schüttelfröste, zu denen er immer geneigt hatte, zwangen ihn mehrere Male, Doktor Langhans zu Rate zu ziehen. Aber er gelangte nicht dazu, des Arztes Verordnungen zu befolgen. Seine Willenskraft, in Jahren voll geschäftiger und gehetzter Tatenlosigkeit angegriffen, reichte nicht aus dazu. Er hatte begonnen, am Morgen sehr lange zu schlafen, obgleich er jeden Abend den zornigen Entschluß faßte, sich früh zu erheben, um den anbefohlenen Spaziergang vorm Tee zu machen. In Wirklichkeit führte er dies zwei- oder dreimal aus ... und so ging es in all und jeder Sache. Die beständige Anspannung des Willens ohne Erfolg und Genugtuung zehrte an seiner Selbstachtung und machte ihn verzweifelt."

„Thomas Buddenbrook fühlte sich unaussprechlich müde und verdrossen. Was für ihn zu erreichen gewesen war, hatte er erreicht, und er wußte wohl, daß er den Höhepunkt seines Lebens, wenn überhaupt, wie er bei sich hinzufügte, bei einem so mittelmäßigen und niedrigen Leben von einem Höhepunkte die Rede sein konnte, längst überschritten hatte."[9]

Eine zeitlang hofft der Senator, daß sein Sohn die Geschäfte weiterführen wird, und er gibt sich alle Mühe, den Sprößling in die Arbeitsweise und Gepflogenheiten der Firma einzuführen. Aber schließlich muß er erkennen, daß Hanno nicht für die stetige Arbeit des Kaufmanns und Bürgers taugt. So beherrscht ihn ein Endzeitbewußtsein sowohl von seiner eigenen Person - weshalb er alsbald sein Testament macht'[10] – als auch von der Kaufmannsfamilie.

Der kleine Hanno erlebt den Vater als angestrengten Schauspieler seiner öffentlichen und geschäftlichen Funktionen, nur noch als ‚Haltungsethiker'"[11], wenn er ihn auf Besuchsfahrten begleitet:[12]

„Aber der kleine Johann sah mehr, als er sehen sollte, und seine Augen, diese schüchternen, goldbraunen, bläulich umschatteten Augen beobachteten zu gut. Er sah nicht nur die sichere Liebenswürdigkeit, die sein Vater auf alle wirken ließ, er sah auch - sah es mit einem seltsamen, quälenden Scharfblick -, wie furchtbar schwer sie zu machen war, wie sein Vater nach jeder Visite wortkarger und bleicher, mit geschlossenen Augen, deren Lider sich gerötet hatten, in der

Wagenecke lehnte, und Entsetzen im Herzen erlebte er es, daß auf der Schwelle des nächsten Hauses eine Maske über ebendieses Gesicht glitt, immer aufs neue eine plötzliche Elastizität in die Bewegungen ebendieses ermüdeten Körpers kam. . . . Das Auftreten, Reden, Sichbenehmen, Wirken und Handeln unter Menschen stellte sich dem kleinen Johann nicht als ein naives, natürliches und halb unbewußtes Vertreten praktischer Interessen dar, die man mit anderen gemein hat und gegen andere durchsetzen will, sondern als eine Art von Selbstzweck, eine bewußte und künstliche Anstrengung, bei welcher, anstatt der aufrichtigen und einfachen inneren Beteiligung, eine furchtbar schwierige und aufreibende Virtuosität für Haltung und Rückgrat aufkommen mußte. Und bei dem Gedanken, man erwarte, daß auch er der einst in öffentlichen Versammlungen auftreten und unter dem Druck aller Blicke mit Wort und Gebärde tätig sein sollte, schloß Hanno mit einem Schauder angstvollen Widerstrebens, seine Augen . . ."[12]

Nach so vielen Anzeichen von biologischer Schwäche und Verfall entrollt sich der Todeskampf des Senators als ein dramatisches Panorama. Geplagt von Zahnschmerzen, sucht er den Zahnarzt Brecht auf. Brecht schreitet zur Extraktion des krankhaften Zahns, bricht aber beim Ziehen die Krone des Zahns ab und entläßt seinen Patienten mit der Aussicht, in den kommenden Tagen die vier Wurzelenden aus dem Kiefer graben zu müssen. Dazu kommt es nicht mehr. Die Anstrengung der Behandlung ruft eine Herzattacke hervor, die Thomas Buddenbrook in den Straßenkot stürzen läßt. Der Senator erlangt das Bewußtsein nicht wieder und stirbt, nachdem er noch stundenlang bei gebrochenen Augen gurgelnde Laute ausgestoßen hatte.[13]

Hanno folgt seinem Vater bald nach, ohne überhaupt das geschäftsfähige Alter erreicht zu haben.

Die Schule erscheint ihm einzig als unerträglicher Drill, dessen Anforderungen er nicht genügen kann[14], und gegen die Robustheit der Söhne des Buddenbrookkonkurrenten Hagenström kommt er zu keiner Zeit an.[15]

Unbewußt hat er frühzeitig sein Ende und das Erlöschen des Hauses Buddenbrook angekündigt. Als er nämlich einmal die Familienchronik offen aufgeschlagen auf dem Schreibtisch des Vaters vorfand, zog er unter die letzte Eintragung zwei Schlußstriche, wie er sie in der Schule gelernt hatte. Zur Rede gestellt, gab er als Begründung an: „Ich glaubte . . . ich glaubte . . . es käme nichts mehr . . ."[16]

Die Selbstverständlichkeit des biologischen Verfalls wird durch die Nüchternheit, mit der der Autor den Tod des kleinen Johann berichtet[17], gleichsam zum Gesetz erhoben. Nicht mehr als dramatische Begebenheit, sondern auf allgemeiner Ebene spricht der Erzähler unter Verwendung von Sätzen aus einem Konversationslexikon über den Verlauf der Krankheit, die man „Typhus" nennt. Die Krankheit führt zum Tode, ohne daß die Ärzte ein Gegenmittel wüßten. So wird über den Tod Hannos geschrieben, ohne daß sein Name ein einziges Mal genannt wird. Ins Allgemeingültige verfremdet hat sich die Verfallsgeschichte der Buddenbrooks:[18]

„Mit dem Typhus ist es folgendermaßen bestellt: In die fernen Fieberträume, in die glühende Verlorenheit des Kranken wird das Leben hineingerufen mit unverkennbarer, ermunternder Stimme. [...] Wallt es dann auf in ihm, wie ein Gefühl der feigen Pflichtversäumnis, der Scham, der erneuten Energie, des Mutes und der Freude, der Liebe und Zugehörigkeit zu dem spöttischen, bunten und brutalen Getriebe, das er im Rücken gelassen: wie weit er auch auf dem fremden, heißen Pfade fortgeirrt sein mag, er wird umkehren und leben. Aber zuckt er zusammen vor Furcht und Abneigung bei der Stimme des Lebens, die er vernimmt, bewirkt diese Erinnerung dieser lustige, herausfordernde Laut, daß er den Kopf schüttelt und in Abwehr die Hand hinter sich streckt und sich vorwärts flüchtet auf dem Wege, der sich ihm zum Entrinnen eröffnet hat . . . nein, es ist klar, dann wird er sterben. –

2. Zunehmende Überlagerung des Kaufmannssinnes durch künstlerische Interessen und „Sublimierung"

Mit der zunehmenden körperlichen Schwäche zerfällt in der Hauptlinie der Buddenbrooks die kaufmännische Kraft. Am klarsten ist dieser Verfall schließlich bei Hanno. Er hat überhaupt keinen Nerv mehr für praktische Kenntnisse und Erfordernisse. Gegenüber den Versuchen des Vaters, das Interesse für das Geschäft und das städtische Betätigungsfeld zu wecken, zeigt sich bei Hanno nur „diese träumerische Schwäche [...], dieses Weinen, dieser vollständige Mangel an Frische und Energie"[19]. Hanno hat an die Stelle des kaufmännischen Interesses die Liebe für die Musik gesetzt. Sein völliges Aufgehen in einer eigenen kleinen Komposition markiert den Höhepunkt der „Sublimierung" unter den Buddenbrooks.[20] Schon vor Hanno freilich hatten sich Anzeichen geschäftsfremder Interessen eingestellt. Von ihnen war lediglich der alte Johann Buddenbrook ausgenommen. Er wird als derjenige Buddenbrook geschildert, der auf der Grundlage eines praktisch ausgerichteten Weltverständnisses geschäftliche Flexibilität mit der Lokkerheit und Beschwingtheit der Aufklärungszeit verbindet, was sich äußerlich durch die Verwendung französischer Sprachbrocken dokumentiert. Mit welcher anderen Einstellung hätte er auch sonst die wirtschaftliche Abschnürung Lübecks während der Franzosenzeit überstehen können? Damals verließ er für die Zeit der Feldzüge die heimatliche Stadt und folgte den Heeren der Kombattanten als Getreidelieferant. An musischer Betätigung reichte dem alten Buddenbrook ein wenig Flötenspielen für den Hausgebrauch. Ansonsten aber war man im Hause Buddenbrook nur praktisch und ‚unmusikalisch'.[21]

Johann der Jüngere, der Konsul „Jean" Buddenbrook verbindet mit seinen geschäftlichen Interessen neuartige und ausländische Ideale. Für Lübecker Bürger ungewohnt, schwärmt er für die modernen wirtschaftsbürgerlichen Ideale der französischen Juli-Monarchie von 1830. Diesen bürgerlichen Maximen würde er am liebsten an den Schulen den Vorrang vor der in Lübeck noch hoch geachteten humanistisch-gymnasialen Bildung verschaffen.[22] Geschäftsfremd ist an Johann Buddenbrook, dem Konsul, sein Hang zu einem bekennenden Christentum. Diese Religiosität belastet allerdings keineswegs die geschäftlichen Aktionen des Konsuls mit hemmenden Skrupeln.

Weitaus aufgeschlossener gegenüber geschäftsfremden Interessen zeigt sich Thomas Buddenbrook, der Senator. Er ist der Literatur zugetan und schon von Jugend an in einer bieder konservativen Umwelt als Heine-Liebhaber bekannt. Seine literarische Neigung gipfelt in reifem Alter in einem rauschhaften Schopenhauer. Leseerlebnis[23], das dem ‚Freigeist' Thomas auf philosophischem Wege die Möglichkeit einer Weiterexistenz nach dem Tode eröffnet. Thomas allerdings zügelt seine aus der Kaufmannsbahn drängenden Neigungen noch durch seine „Haltungsethik" und auch durch die pragmatische Rückwendung zum gewohnten protestantischen Glauben[24], als es ihm um die Grenzfragen des Todes geht. So werden, wenn auch mühsam, die Pflichten des Geschäfts und der Politik noch erfüllt.

Hanno aber, der letzte in der Reihe der Buddenbrooks, kann die Erfüllung der Kaufmannspflichten nicht mehr durch einen Willen zur Pflicht erreichen. Bei ihm ist die Hinwendung zur künstlerischen ‚Sublimierung' vollkommen, der ‚bürgerliche' Kaufmannssinn völlig verdeckt, ja, alles Pflichtmäßig-Kaufmännische flößt Schrecken und Abscheu ein.

Es ist keinesfalls so, daß die ‚Sublimierung' der späteren Buddenbrooks die Betroffenen in neue gesellschaftliche Bezüge hineinführt, die gleich dem kaufmännischen Tun Achtung abverlangen oder besondere Qualitäten des Charakters hervorbringen, sondern die Sublimierung besteht in Gemütslagen, die schwankend dann und wann in künstlerischen Formen eine Geistesverwandtschaft oder ihren temporären Ausdruck suchen. Dabei wird nicht versucht, den künstlerischen Eindruck oder Genuß durch stetes, zielgerichtetes Aus-Üben zu verfestigen. Vielmehr ist ein anfallartiges, spontanes Hineinfallenlassen in die Betätigung und die momentane Befriedung des Gemüts diejenige Erscheinungsform, in der die Sublimierung auftritt. Bezeichnend für diese Zusammenhänge ist beispielsweise, daß Hanno beim Klavierunterricht die konsequent aufbauende Übung ablehnt zugunsten der schnell vollziehbaren, aber in den Fertigkeiten nicht weiterführenden Improvisation.

Somit setzt die ‚Sublimierung' der menschlichen Empfindungskraft dem Verfall kein positives Zeichen entgegen, zumal sie im Roman auch in solchen Formen auftritt, die mit den Zeichen der Schwäche und der Lächerlichkeit gekennzeichnet sind. Christiane Buddenbrook, der Bruder des Senators, der schließlich entmündigt und in eine Nervenheilanstalt eingeliefert wird, ist ein Beispiel flatterhafter, ‚genialischer' und hypochondrischer ‚Sublimierung'.

Der Wert, den die wachsende künstlerische ‚Sensibilität' für Thomas und Hanno persönlich haben, kann dem dominierenden Eindruck des Verfalls der Buddenbrooks nicht entgegenwirken. Das um so weniger, als eine Reihe von schweren Schicksalsschlägen für Geschäft und Familie Gelegenheit geben, das Bild des Verfalls zu verfestigen:

3. ‚Schicksalsschläge' durch verfehlte Heiraten

Eheliche Verbindungen sind bei den Buddenbrooks nach alter Kaufmannstradition kein rein persönliches Problem zweier sich liebender Menschen. Wird die Neigung nicht durch gesicherte finanzielle Verhältnisse der Ehewilligen untermauert, so kommt es nicht zum Eheschluß. Heiraten außerhalb des standesgemäßen Gleichklangs kommen deshalb nicht in Frage. Sowohl Thomas Buddenbrook als auch seine Schwester Tony müssen ihre Jugendlieben aufgeben.
Im Verlauf des Romans zeigt sich, daß sowohl die Prüfungen zur Person der Kandidaten als auch die Erkundigungen über deren Vermögensverhältnisse zu Fehlurteilen führen. So können die Buddenbrookschen Damen nicht zum Gedeih des Geschäftes beitragen, im Gegenteil: Die Serie von Mißheiraten gibt die Damen dem öffentlichen Gerede preis, und zur Minderung des Rufs der Familie gesellt sich ein finanzieller Verlust in Form der Mitgifte und Erbschaften, die unseriöse Ehemänner an sich zu bringen wissen.
Tony Buddenbrook hat gleich zweimal Pech mit ihren Männern. Bendix Grünlich[25] aus Hamburg hat es wegen seiner geschäftlichen Schwierigkeiten überhaupt nur auf die Mitgift abgesehen, die er dann auch binnen kurzem durchbringt. Der Münchner Hopfenhändler Permaneder[26], eine wahre Witzblattfigur, setzt sich mithilfe seiner Mitgift zur Ruhe und läßt sich ansonsten durch seine Frau nicht aus seinem urigen Lebenstrott bringen. Die Ehe endet mit einem Eklat.
Tonys Tochter Erika hat ebenfalls kein Glück mit ihrem Mann. Der von seiner Stellung her schon nicht ganz standesgemäße Hugo Weinschenk[27], Direktor der Städtischen Feuerversicherungsgesellschaft, paßt zunächst durch sein ungeniertes und ungehobeltes Benehmen nicht in die feine Atmosphäre des Buddenbrookschen Hauses. Sodann stolpert er über seine geschäftlichen „Usancen"[28], als er nämlich Rückversicherungen bei anderen Gesellschaften vornimmt zu Zeitpunkten, zu denen ihm vertraulich schon der Brand eines Objektes mitgeteilt war. Weinschenk muß hinter Gitter.
Clara Buddenbrook, die von früher Kindheit an unter Kopfschmerzen leidet, heiratet einen gewissen Pastor Tiburtius aus

Riga[29]. Er bringt es zuwege, daß Clara auf dem Sterbebett einen Brief an ihre Mutter abfaßt - möglicherweise hat er den Brief gar gefälscht - in dem sie die Auszahlung ihres Erbteils an ihren Mann erbittet. Pastor Tiburtius verschafft sich das Geld, indem er unter Umgehung des Senators das Wohlwollen Christians und die Zustimmung der alten Konsulin erschleicht.

4. Personen außerhalb des Geschäfsbereiches der Buddenbrookschen Firma:
Gotthold, Christian, Gerda Buddenbrook.

In der Reihe der Personen, die zum Gedeih der Firma nicht beitragen, gehören noch weitere Buddenbrooks. In ähnlicher Weise wie die verfehlten Heiraten wirkt das Verhalten zweier nachgeborener Söhne. Gotthold Buddenbrook heiratet unter Stand, nämlich die Tochter eines Tuchladenbesitzers. Mit seinen geschäftlichen Ambitionen ist es nicht weit her.
Er setzt sich mit dem Geld, daß ihm aus dem Budddenbrookschen Familienvermögen gezahlt worden ist, zur Ruhe und verlebt auf kauzige Weise seine Tage:[30]

„Seit Onkel Gotthold fern den Geschäften lebte, mit seinen kurzen Beinen und weiten Hosen in seiner bescheidenen Wohnung umherging und aus einer Blechbüchse Brustbonbons aß, denn er liebte sehr die Süßigkeiten . . ."

Christian Buddenbrook ist allen Bemühungen der Firma und allen eigenen Ansätzen zum Trotz nicht in der Lage, eine kontinuierliche Tätigkeit auszuüben. Was er auch anpackt, sei es in Valparaiso, in London oder in Hamburg: schon nach wenigen Tagen verliert er die Lust am Arbeiten. Beständig ist nur seine Fähigkeit, in der Gesellschaft von Lebemännern der Lübecker Welt zu glänzen. Ansonsten hat er seine Depressionen und sucht Aufmerksamkeit mit fixen Ideen von seiner krankhaften Veranlagung und Benachteiligung, für die schließlich ein Hamburger Arzt eine Erklärung findet, die dem hypochondrischen Darstellungsverlangen Christians aus der Seele spricht:[31]

„‚Ich kann es nun nicht mehr', wiederholte Christian [. . .] ‚Wenn es nur dies wäre' fuhr er fort, indem er mit der Hand an seiner linken Seite herunterstrich, ohne seinen Körper zu berühren . . .' Es ist kein Schmerz, es ist eine Qual, weißt du, eine beständige, unbestimmte Qual. Doktor Drögemüller in Hamburg hat mir gesagt, daß an dieser Seite alle Nerven zu kurz sind . . . Stelle dir vor, an der ganzen linken Seite sind alle Nerven zu kurz bei mir! Es ist so sonderbar . . . manchmal ist mir, als ob hier an der Seite irgendein Krampf oder eine Lähmung stattfinden müßte, eine Lähmung für immer . . . Du hast keine Vorstellung. Keinen Abend schlafe ich ordentlich ein. Ich fahre auf, weil plötzlich mein Herz nicht mehr klopft und ich einen ganz entsetzlichen Schreck bekomme . . . Das geschieht nicht einmal, sondern zehnmal, bevor ich einschlafe. Ich weiß nicht, ob du es kennst... ich will es dir genau beschreiben . . . Es ist . . ."

Sowohl Gotthold als auch Christian entziehen dem Familienvermögen Teile seiner Substanz. Gotthold werden weitere Erbansprüche schließlich abgesprochen und Christian wird, nachdem er schon eine Vorauszahlung auf sein Erbe durchgebracht hat, der Zugriff durch die Drohung einer Unmündigkeitserklärung auf das Familienvermögen abgeschnitten.

Anders wirkt Gerda Buddenbrook auf das Geschäft ein. Sie entzieht dem Vermögen kein Geld, im Gegenteil, sie führt dem Familienschatz durch ihre Mitgift 300 000 Kurantmark zu. Aber einmal gehört ihre an künstlerischen und musikalischen Bedürfnissen orientierte Lebensweise nicht in den vergleichsweise biederen Rahmen der Buddenbrooks, zum anderen signalisieren ihr „mattweißes" Gesicht und ihre „nahe beieinanderliegenden, braunen, von feinen bläulichen Schatten umlagerten Augen"[32] ~ die Zunahme von Krankheit in der Familie, und in der Tat hat sie ja die dominanten Verhaltensweisen und Eigenschaften an Hanno vererbt.

5. Geschäftliche ‚Schicksalsschläge' für die Firma Buddenbrooks

Zunächst berichtet der Autor vom Verlust von 20000 Talern Kurant, die die Firma verliert, als infolge des preußisch-österreichischen Krieges von 1866 ein Frankfurter Unternehmen, an dem die Buddenbrooks beteiligt waren, in Konkurs geht. Dieses Ereignis wird noch nicht ganz so schwer gewogen, sondern dient mehr der atmosphärischen Einstimmung für einen weiteren Verlust:[33]

Geradezu als Paukenschlag wird der Verlust der auf dem Halm gekauften Ernte des Mecklenburgischen Gutes Pöppenrade inszeniert. Es ist Tony Buddenbrook - nunmehr geschiedene

Frau Permaneder - die ihrem Bruder Thomas den Plan unterbreitet, die gesamte Ernte des Gutes für 35 000 Kurantmark noch vor der Ernte zu kaufen. Sie möchte dem durch Spielschulden in Schwierigkeiten geratenen Herrn von Maiboom, Ehemann ihrer Freundin aus früheren Internatstagen, Armgard von Schilling, helfen. Schroff lehnt der Senator zunächst das vorgeschlagene Geschäft ab, da seine seriöse Firma solche Geschäfte nicht eingehe. Darüberhinaus läßt Thomas durchblicken, daß er es nicht ungern sähe, wenn dem hochnäsigen mecklenburgischen Adel ein Denkzettel verpaßt würde.[34]

Der Senator überlegt sich die Angelegenheit freilich noch anders. Um das „freudlose Tempo, das der Geschäftsgang angenommen hatte"[35], wieder in Schwung zu bringen, glaubt er schließlich, mithilfe des risikoreichen und nicht ganz sauberen Geschäfts einen „Coup"[36] landen zu können. So kauft Thomas nach langem inneren Kampf die Pöppenrader Ernte zu dem Spottpreis von 35 000 Kurantmark auf dem Haim.[37]

Aber der Handel geht unglücklich aus. Größer kann der Kontrast nicht sein, den der Autor arrangieren könnte: Mitten in die Feierlichkeiten zum hundertjährigen Jubiläum der Firma Buddenbrook in dem neuen pompösen Haus wird das Unglückstelegramm aus Pöppenrade hereingereicht: Hagel hat die Ernte vernichtet.[38]

Für alle Anzeichen von Schwäche und Krankheit lassen sich nicht nur einzelne Zitate anführen, sondern der Autor wird nicht müde, in ähnlichen Wendungen und Episoden dem Leser immer wieder die Anzeichen des ‚Verfalls' vorzuführen. Insgesamt wird ein eindrucksvolles Szenarium verfallshafter Eigenschaften und Personen entrollt. Dabei sind in letzter Konsequenz alle Mitglieder der Familie betroffen, sowohl die zur Führung des Geschäftes und damit zur Sicherung des Lebensunterhaltes bestimmten männlichen Buddenbrooks als auch die übrigen Familienmitglieder, die, wenn nicht durch Krankheit, so durch ihr unglückliches Schicksal zum ‚Verfall' beitragen. Die Anzeichen des Niedergangs aus der Sphäre des Privat-Persönlichen vervollständigt Thomas Mann dadurch, daß er auch im Geschäftsgang der Firma gefährliche Mißerfolge eingreifen sieht.

Dennoch: Bei aller Offensichtlichkeit von Verfallsmerkmalen

bleibt doch festzuhalten, daß der Roman keine massiven Hinweise darüber gibt, daß es mit der Wirtschaft oder mit der Politik der Stadt Lübeck bergab geht; eine Krisenstimmung der gesellschaftlichen Rahmenbedingungen - auch denkbar infolge der Entwicklung industrieller Verhältnisse - stellt sich nicht ein. Thomas Buddenbrooks späte Bemerkung, daß nunmehr der Senat ‚demokratisiert' werde, leider[38], ist zu unbedeutend, um Krisencharakter zu signalisieren.

Auch die Erschütterungen des Jahres 1848 bewirken keine Änderung in der Lebensführung des Hauses Buddenbrook. Für die Familie sind die Ereignisse eines revolutionären Aufruhrs zwar dadurch tragisch, daß der alte Kröger aufgrund der Aufregung einen Herzinfarkt erleidet und stirbt. Ansonsten aber taucht der Verfasser auch tumultuöse Ereignisse in ein distanziert ironisches Licht. Der Aufruhr vor der Bürgerschaft bietet dem Autor Gelegenheit, den Konsul Johann Buddenbrook auf der Höhe seines politischen Ansehens und seiner Einflußmöglichkeiten zu zeigen, als er die tobende Menge der Arbeiter zur Ruhe bringt - im übrigen ganz in der Art, wie die oben zitierte Festtagsrückschau des Lübecker Großbürgertums das Geschehen verklärt:[38]

„Es war bald sechs Uhr, und obgleich die Dämmerung weit vorgeschritten war, hingen die Öllampen unangezündet an ihren Ketten über der Straße. Diese Tatsache, diese offenbare und unerhörte Unterbrechung der Ordnung, war das erste, was den Konsul Buddenbrook aufrichtig erzürnte, und sie war schuld daran, daß er in ziemlich kurzem und ärgerlichem Tone zu sprechen begann; „Lüd, wat is dat nu bloß für dumm Tüg, wat ji da anstellt!"

Die Vespernden waren vom Trottoir emporgesprungen. Die Hinteren, jenseits des Fahrdammes, stellten sich auf die Zehenspitzen. Einige Hafenarbeiter, die im Dienste des Konsuls standen, nahmen ihre Mützen ab. Man machte sich aufmerksam, stieß sich in die Seiten und sagte gedämpft: „Dat's Kunsel Buddenbrook! Kunsel Buddenbrook will ‚ne Red' hollen! Holl din Mul, Krischan, hei kann höllschen fuchtig warn! . . . Dat's Makler Gosch . . . kieck! Dat's so'n Aap! . . . Is hei'n beeten öwerspönig?"

„Corl Smolt!" fing der Konsul wieder an, indem er seine kleinen, tiefliegenden Augen auf einen etwa zweiundzwanzigjährigen Lagerarbeiter mit krummen Beinen richtete, der, die Mütze in der Hand und den Mund voll Brot, unmittelbar vor den Stufen stand. „Nu red mal; Corl Smolt! Nu is' Tied! Ji heww hier den leewen langen Namiddag bröllt ...„

„Je, Herr Kunsel . . .", brachte Corl Smolt kauend hervor. „Dat's nu so'n Saak . . . öäwer . . . Dat is nu so wied . . . Wi maaken nu Revolutschon."

„Wat's dat för Undög, Smolt!"

„Je, Herr Kunsel, dat seggen Sei woll, öäwer dat is nu so wied . . . wi sünd nu nicht mihr taufreeden mit de Saak . . . Wi verlangen nu ne anner Ordnung, un dat is ja ook gor nich mihr, daß das *wat* is . . ."

„Hür mal, Smolt, un ihr annern Lüd! Wer nu'n verständigen Kierl is, der geht naa Hus un schert sich nich mihr um Revolution und stört hier nich de Ordnung . . ."

„Die heilige Ordnung!" unterbrach Herr Gosch ihn zischend . . .

„De Ordnung, seg ick!" beschloß Konsul Buddenbrook. „Nicht mal die Lampen sind angezündet . . . Dat geiht denn doch tau wied mit de Revolution!"

Corl Smold aber hatte nun seinen Bissen verschluckt, und die Menge im Rücken, stand er breitbeinig da und hatte seine Einwände . . .

„Je, Herr Kunsel, dat seggen Sei woll! Oäwer dat is man bloß wegen das allgemeine Prinzip von dat Wahlrecht . . ."

„Großer Gott, du Tropf!" rief der Konsul und vergaß, platt zu sprechen vor Indignation . . . „Du redest ja lauter Unsinn . . ."

„Je, Herr Kunsel", sagte Corl Smolt ein bißchen eingeschüchtert; „dat is nu allens so, as dat is Oäwer Revolutschon mütt sien, dat is tau gewiß. Revolutschon is öwerall, in Berlin und in Poris . . ."

„Smolt, wat wull Ji nu eentlich! Nu seggen Sei dat mal!"

„Je, Herr Kunsel, ick seg man bloß: wie wull nu 'ne Republike, seg ick man bloß . . ."

„Ower du Döskopp . . . Ji *heww* ja schon een!"

„Je, Herr Kunsel, denn wull wi noch een."

Einige der Umstehenden, die es besser wußten, begannen schwerfällig und herzlich zu lachen, und obgleich die wenigsten die Antwort Corl Smolts verstanden hatten, pflanzte diese Heiterkeit sich fort, bis die ganze Menge der Republikaner in breitem und gemütlichem Gelächter stand. An den Fenstern des Bürgerschaftssaales erschienen mit neugierigen Gesichtern einige Herren, mit Bierseideln in den Händen . . . Der einzige, den diese Wendung der Dinge enttäuschte und schmerzte, war Sigismund Gosch.

„Na Lüd", sagte schließlich Konsul Buddenbrook, „ick glöw, dat is nu dat beste, wenn ihr alle naa Hus gaht!"

Corl Smolt, gänzlich verdutzt über die Wirkung, die er hervorgebracht, antwortete: „Je, Herr Kunsel, dat is nu so, un denn möht man de Saak je woll up sick beruhn laten, un ick bün je ook man froh, dat Herr Kunsel mi dat nich öwelnehmen daut, un adjüs denn ook, Herr Kunsel . . ."

Die Menge fing an, sich in der allerbesten Laune zu zerstreuen.

Die Schilderung dieser Szene läßt doch einigen Zweifel an einem allgemeinen Verfallverständnis aufkommen - Der Romantext selbst wirft also die Frage auf:

6. Wie weit reicht der Verfall?

Wird mit dem Aussterben der männlichen Buddenbrooks tatsächlich „der Untergang einer Epoche" markiert, wie oft gemutmaßt wird, „das Ende einer soziologisch interessanten, einer historischen Lebensform" vor Augen geführt?[39]
Dafür ist wohl doch der Kreis der ‚verfallenden' Personen zu eng - und außerhalb der Familie der Buddenbrooks geht das Leben in den gewohnten Bahnen ungebrochen weiter. Sind die BUDDENBROOKS immerhin noch repräsentativ für den Verfall einer ganzen Schicht, des Bürgertums, bedeuten sie tatsächlich das „elegische Epos des bürgerlichen Verfalls"?[40]
Auch dieses nicht, denn der bürgerliche Konkurrent der Buddenbrooks' die Familie Hagenström, zeigt sich in voller Blüte. Darf man endlich, um einen noch kleineren Nenner des Verfalls zu finden, mit der Familie Hagenström überhaupt im eben angeführten Sinne argumentieren? Ist hier nicht wenigstens der Verfall des alten, reichstädtischen Bürgertums gegenüber einer rücksichtslos nach oben drängenden, ausschließlich kapitalistisch denkenden Bourgeoisie in ein Paradigma gefaßt? Geht mit den Buddenbrooks die alte Geschäftsmaxime des ‚ehrbaren Kaufmanns' zugrunde, die in der Familienchronik verzeichnet ist:[41]

„Mein Sohn, sey mit Lust bey den Geschäften am Tage, aber mache nur solche, daß wir bey Nacht ruhig schlafen können."?

In der Tat, die Hagenströms werden schon früh in der Geschichte der Buddenbrooks als ungewünschte, zu flinke Konkurrenz eingeführt:[42]

„[. . .] Herr Hagenström, dessen Familie noch nicht lange am Orte ansässig war, hatte eine junge Frankfurterin geheiratet, eine Dame mit außerordentlich dickem schwarzen Haar und den größten Brillanten der Stadt an den Ohren, die übrigens Semlinger hieß. Herr Hagenström, welcher Teilhaber einer Exportfirma - ‚Strunck & Hagenström' - war, entwickelte in städtischen Angelegenheiten viel Eifer und Ehrgeiz, hatte jedoch bei Leuten mft strengeren Traditionen, den Möllendorpfs, Langhals' und Buddenbrooks, mit seiner Heirat einiges Befremden erregt und war, davon abgesehen, trotz seiner Rührigkeit als Mitglied von Ausschüssen, Kollegien, Verwaltungsräten und dergleichen nicht sonderlich beliebt. Er schien es darauf abgesehen zu haben, den Angehörigen der alteingesessenen Familien bei jeder Gelegenheit zu opponieren, ihre Meinungen auf schlaue Weise zu widerlegen, sich ihnen dagegen durchzusetzen und sich als weit tüchtiger und unentbehrlicher zu erweisen als sie. Konsul Buddenbrook sagte von ihm: ‚Hinrich Hagenström ist aufdringlich mit seinen Schwierigkeiten . . . Er muß es geradezu auf mich persönlich abgesehen haben [...]. ‚Und Johann Buddenbrook fügte hinzu: ‚Ein oller Stänker!' - Ein anderes Mal kamen Vater und Sohn zornig und deprimiert zu Tische ... Was passiert sei? Ach, nichts ... Eine große Lieferung Roggen nach Holland sei ihnen verlorengegangen; ‚Strunck & Hagenström' hätten sie ihnen vor der Nase weggeschnappt; Ein Fuchs, dieser Hinrich Hagenström ..."

Aber wenn man weiter liest, so findet man doch fortschrittliche und auch persönlich sympathische Züge in dieser Familie. So fordert Hinrich Hagenström stets das allgemeine Wahlrecht und begründet für seine Familie eine zuvorkommende, freiheitliche Atmosphäre:[43]

„Gewiß, wenn Konsul [Hermann[Hagenström irgendeiner Tradition lebte, so war es die von seinem Vater, dem alten Hinrich Hagenström, übernommene unbeschränkte, fortgeschrittene, duldsame und vorurteilsfreie Denkungsart, und hierauf gründete sich die Bewunderung, die er genoß."

Sicher, die Hagenströms verharren nicht in den alten lübischen Bürgerkonventionen, aber sie sind in keiner Weise böse Laissez-fair-Bourgeois! Sie kümmern sich in gleicher Weise wie die Buddenbrooks um das politische Wohl der Stadt und in delikaten Angelegenheiten beweisen sie einfühlsamen Takt, so als Hermann Hagenström das Haus der Buddenbrooks in der Mengstraße kauft.[44] Die Hagenströms haben im übrigen nicht nur auf geschäftlichem Gebiet Erfolg, sondern auch auf geistigem Gebiet. Der Bruder Hermanns, Moritz Hagenström, ist ein „Schöngeist"[45], und zwar im Gegensatz zu Christian Buddenbrook einer, der mit seinen geistigen Pfunden tatsächlich wuchern kann: Er ist Staatsanwalt und führt einen exquisiten Lebensstil. Seine beiden Söhne eifern ihm im übrigen nach in der Weise, daß sie das Reich des Geistes tatsächlich beherrschen lernen und dies durch hervorstechende Leistungen in der Schule bestätigen - anders als Hanno, der sich von schöngeistiger Beschäftigung unkontrolliert jeweils hinreißen läßt. Man mag die schlechten Zähne des Moritz Hagenström, die mehrfach ungewöhnliche Wahl der exotischen oder berückend schönen Ehefrauen, man mag die Tatsache der Abwanderung der Betätigung in ‚Schöngeisterei' als mögliche „Buddenbrookisierung"[46] auch dieser Familie deuten - fest steht, daß hier auf mehr als nur einem Gebiet solide und glänzende bürgerliche Leistungen erbracht und dennoch mit einem über die Schranken des Kleinkarierten und Althergebrachten Lebensstil bruchlos verbunden werden. Und die Hagenströms sind dem Spitzenamt der Lübecker Bürgerschaft näher als die Buddenbrooks, denn in ihren Reihen entstehen Männer, die eine Voraussetzung der Lübecker Verfassungstradition erfüllen: In der Familie der Hagenströms gibt es Studierte, Gelehrte.

Die Lübecker Verfassung fordert nämlich, daß der Bürgermeister ein Studierter, ein „Gelehrter" sei und kein Kaufmann. Wohl die Hagenströms, nicht aber die Buddenbrooks weisen dieser Tradition gemäße Mitglieder auf.[47]

Die BUDDENBROOKS können also auch nicht als Schwanengesang eines ‚guten, alten Bürgertums' aufgefaßt werden, das von den Vertretern rücksichtsloser kapitalistischer Wirtschaftsweisen überrollt wird. Überhaupt: so ‚alt' waren ja auch die Buddenbrooks nicht! Erst der Vater des älteren Johann Buddenbrook, des Heereslieferanten, war von Rostock nach Lübeck gezogen und hatte danach den Getreidehandel gegründet.[48]

Wie man sieht, zeigt eine genaue Betrachtung der Informationen über die Hagenströms, daß sich Bedenken gegen eine weitgehende Interpretation des gesellschaftlichen Verfalls nicht nur aufgrund eines Vergleichs von literarischem Text und sozialhistorischen Erkenntnissen ergeben, sondern daß sogar im Roman selbst der weitreichenden Verfallsthese entgegenstehende Informationen angeboten werden. Und diese Hinweise finden sich nicht nur, wie hier gerade dargelegt, bei der Charakterisierung der Hagenströms, sondern auch bei den literarischen Nachrichten über Geschäft und Vermögen der Buddenbrooks:

7. Der Betrieb der Buddenbrooks und die wirtschaftspolitischen Aktivitäten seiner Inhaber

Engen wir die Repräsentanz des Romans, insoweit der Verfall einer ‚Kaufmanns'-Familie gemeint sein sollte, weiter ein: Hat man es mit dem Verfall einer Kaufmannsfamilie in dem Sinne zu tun, daß die Firma einen eklatanten geschäftlichen Niedergang erlebt? Ein solcher Niedergang müßte an den in der Sekundärliteratur vielgerühmten „Bilanzen", die der Autor über die Familie der Buddenbrooks mitteilt, abzulesen sein.

Die ‚Schlußbilanz' des Thomas Buddenbrook in seinem Testament hatte 900000 Mark für das Buddenbrooksche Vermögen ergeben.[49] Zwar mindert sich die tatsächlich zu erzielende Summe - wie hoch die Minderung ausfiel, teilt der Autor nicht mit - dadurch, daß überhastet und durch unfähige Makler liquidiert wird, aber dennoch steht diese Vermögensübersicht im Vergleich zur ersten Vermögensvorstellung kurz nach dem Tode des Jean Buddenbrook 1841/42 in keinem schlechten Licht:[50]

„Kurz und gut: Mein seliger Vater hat seinerzeit, vor meiner Schwester Heirat, rund und nett 900 000 Mark Kurant besessen, abgesehen, wie sich versteht, von dem Grundbesitz und dem Werte der Firma. 80 000 sind als Mitgift nach Frankfurt und 100 000 bei Gottholds Etablierung abgegangen; macht 720 000. Dann kam der Kauf dieses Hauses, das trotz der Einnahme für das kleine in der Alfstraße mit Verbesserungen und Neuanschaffungen volle 100 000 gekostet hat: macht 620 000. Nach Frankfurt wurden als Entschädigungssumme 25 000 gezahlt: macht 595 000, und so hätten die Dinge bei Vaters Tod gelegen, wären alle diese Spesen nicht im Laufe der Jahre durch rund 200 000 Kurantmark Verdienst korrigiert worden. Das Gesamtvermögen betrug also 795 000. Dann wurden ferner 100 000 an Gotthold ausgekehrt und noch 267 000 nach Frankfurt; das macht, wenn ich ein paar tausend Kurantmark kleinerer Vermächtnisse abrechne, die nach Vaters Testament an das Heilige-Geist-Hospital, die Kaufleute Witwenkasse und so weiter gingen, etwa 420 000, mit deiner Mitgift um 100 000 mehr. Das sind, in runden Summen und abgesehen von allerhand kleineren Schwankungen des Vermögens, ungefähr die Verhältnisse. Wir sind nicht so ungemein reich, [. . .]"

Beim Tode des Konsuls Johann Buddenbrook betrug das Vermögen trotz der Verluste von 1848, des Bremer Konkurses von 1851 und des wenig erträglichen Kriegsjahres 1855 überraschenderweise 750 000 Mark Kurant, weil aus der Krögerschen Hinterlassenschaft 300 000 Mark geerbt werden konnten und der Konsul in 15 Jahren 30 000 Taler Kurant erwirtschaftet hatte. Der Grundbesitz war in die Summe von 750 000 Mark Kurant noch nicht eingerechnet.[50a]

Ende der sechziger Jahre notiert der Erzähler, daß das Vermöger der Buddenbrooks bei 600 000 Mark Kurant stand und damit besser als sein Ruf war:[51]

„Was das rein Geschäftliche betraf, so galt im allgemeinen sein Vermögen für stark reduziert und die Firma für im Rückgange begriffen. Dennoch war er, sein mütterliches Erbe, den Anteil am Mengstraßenhause und den Grundbesitz eingerechnet, ein Mann von mehr als sechmalhunderttausend Mark Kurant."

Wenn Thomas Buddenbrook dann in seinem Testament 900000 Mark Kurant berechnet, so kann man insgesamt eher als von einem Verfall von einem Auf-und-ab des Buddenbrookschen

Vermögens sprechen. Der Leser kann dieses Auf-und-ab freilich nicht so klar erkennen, denn die Aufmerksamkeit des Romanerzählers ruht statt auf Vermögenszugewinnen durch Erbschaft (100 000 Mark durch das Erbe der Madame Kröger)[52] und Mitgift (300 000 durch Gerda Buddenbrook[53]) viel ausführlicher auf den Verlusten, die dem Familienvermögen entstehen.

So verliert das Buddenbrooksche Vermögen die Mitgift Tonys aus ihrer Ehe mit Bendix Grünlich in Höhe von 80 000 Mark.[54] Christian bringt insgesamt Geld in Höhe von fast 100 000 Mark durch[55], durch die Heirat Clara Buddenbrooks mit Pastor Tiburtius aus Riga gehen weitere 100 000 verloren, durch die Übertragung ihres Erbteils an den Geistlichen nochmals sogar 127500 Mark.[56] Schließlich kostet das neue Buddenbrooksche Haus, das Thomas bezieht, noch einmal runde 100 000 Mark, wogegen knapp 90 000 Mark Erlös aus dem Verkauf des alten Buddenbrookschen Hauses in der Mengstraße stehen.[57]

Obwohl in der Perspektive des Romanerzählers die Verluste schwerer wiegen als die Zuwächse, muß angesichts des späten Wertes des Buddenbrookschen Vermögens das Geschäft der Familie doch immerhin so erfolgreich betrieben worden sein, daß es die Verluste mehr als ausgleichen konnte.

Die mit viel literarischem Aufwand gestalteten geschäftlichen Schicksalsschläge von Frankfurt und Pöppenrade nehmen sich bei genauem Hinsehen als unerheblich und geschäftlich geradezu winzig aus.

Zu den Klagen über den schleppenden Geschäftsgang[58] und die Unfähigkeit des Kompagnon, Herrn Marcus[59], und zum Lamento des Verfalls passen die im Roman genannten ‚Bilanzen' einfach nicht. Sicherlich erlebt die Firma Buddenbrook keine rauschende Expansion, aber ein Verfall ist ebensowenig abzusehen.

Wie ist der Zwiespalt zwischen dem Eindruck des Verfalls und den tatsächlichen Zahlen der ‚Bilanzen' zu erklären? Um einer Deutung näher zu kommen, sollen im folgenden alle im Roman verstreuten Informationen über das Geschäft der Buddenbrooks sowie über die wirtschaftspolitische Aktivität der Firmeninhaber zusammengestellt werden. Danach handelt es sich bei der Firma Buddenbrook um ein Getreidehandelsunternehmen, das von Rußland und Schweden bis nach England und Holland geschäftliche Beziehungen unterhält, enge Verbindungen bestehen nach Stockholm, London, Edinburgh und Amsterdam. Christian Buddenbrook volontiert sogar in Valparaiso. Das Unternehmen kauft Getreide - etwa im Lübecker Hinterland in Mecklenburg - und führt dann selbst den Transport mit einer eigenen kleinen Flotte durch, die zunächst aus Segelschiffen besteht, später auf Dampfschiffe umgerüstet wird. Noch in den siebziger Jahren, also kurz vor dem Tode des Senators, ist genügend Kapital und unternehmerische Planungskraft für die Modernisierung der Flotte vorhanden, denn Thomas Buddenbrook, so berichtet der Roman, zeigt seinem Sohn Hanno den Stapellauf eines neuen Dampfschiffes der Firma Buddenbrook.[60]

Ebenso wie den Kauf und den Transport hat man auch die Lagerung des Getreides in eigener Regie. Die Firma besitzt einige Speicherhäuser im Hafengebiet. Das Unternehmen beschäftigt Büroangestellte, Seeleute und Speicherarbeiter. Eine Nebenlinie der Familie bewirtschaftet ein Gut in Mecklenburg. Die Firma hält die Spezialisierung auf das Produkt Getreide durch. Ein Vorschlag des jungen Thomas Buddenbrook[61], die Monostruktur der Firma durch eine Diversifikation des Warenangebots im Englandhandel aufzulockern, scheitert am Widerspruch des Vaters, des Konsuls Johann Buddenbrook, und wird später nicht wieder aufgegriffen. Hier könnte ein möglicher Grund für eine verpaßte Expansion der Firma liegen, denn die Hagenströms haben gerade mit dem Konzept der Diversifikation des Großhandelsangebots Erfolg. Allerdings erfolgt die Entscheidung nicht aufgrund irrationaler alter Bürgerprinzipien, sondern aufgrund einer Risikoabschätzung, die vom Konsul vor Ort, in England, vorgenommen worden war. Die Geschäftspolitik der Buddenbrooks vollzieht sich in vorsichtigem Rahmen, was für den Konsul Johann Buddenbrook bedeutet, daß er auf die Aufnahme von Krediten verzichtet. Dennoch findet der Buddenbrooksche Grundsatz „sey mit Lust bey den Geschäften am Tage, aber mache nur solche, daß wir bey Nacht ruhig schlafen können"[62] nicht in der Weise Anwendung, daß die Buddenbrooks stets als ehrbare Kaufleute auftreten, die anderen nicht ihren Vorteil abringen wollen. Im Gegenteil: Die

Buddenbrooks sind durchaus richtige Händler, die auch die Tricks ihres Gewerbes beherrschen und nicht nur hehren Idealen nachleben. Der alte Johann Buddenbrook hätte die wirtschaftlichen Einbrüche der Franzosenzeit sicher nicht überstanden, wenn er nur daheim geblieben wäre. Johann Buddenbrook nutzte die Chance, die der Krieg dem Handel bot und folgte dem preußischen Heer als Getreidelieferant. Schlitzohrig zeigt sich auch der Konsul Johann Jean Buddenbrook. Er empfiehlt dem frischgebackenen Schwiegersohn, wertvolles Aussteuergut seiner Tochter vor dem Hamburger Zoll zu verbergen.[63] Mehr noch erkennt man eine bis ans Unseriöse gehende Getriebenheit bei der Verhandlung über die Höhe der Mitgift seiner Tochter Tony.[64] Da der Konsul erwartet, daß Grünlich einen höheren Preis der Mitgift erzielen will, setzt er ihren Wert mit Biedermannsmiene von vornherein unter der familienüblichen Marke an. Grünlich erzielt schließlich einen höheren Preis als den vorgeschlagenen und behält subjektiv sein Erfolgserlebnis, der Konsul aber hat - entgegen seiner Beteuerung - nur den gewohnheitsmäßigen Satz gewährt.

Thomas Buddenbrook führt schließlich bei seiner Geschäftsübernahme eine etwas aggressivere Geschäftspolitik ein, er nutzt die geschäftlichen Möglichkeiten von Krediten. Allerdings wird der Boden der Solidität niemals verlassen, da nach dem Tode des Konsuls der Prokurist Markus als Teilhaber in die Firma eintritt und eine vorsichtige bis übervorsichtige Geschäftsführung vertritt.

Eng mit dem Geschäft verknüpft ist die Politik der Hansestadt Lübeck. Die Buddenbrooks gehören stets zu den Triebkräften, die dem Handel mehr Raum und mehr Möglichkeiten verschaffen wollen. Der Konsul Johann Buddenbrook zeigt offen seine Sympathie für die französische Juli-Monarchie, weil sie die praktischen Ideale in einem politischen System zur Geltung bringt.[65] Praktisch-kaufmännischen Idealen würde er in der Schulbildung gern die lateinische und griechische Humanistenausbildung opfern, die nach Lübecker Gewohnheit der zweite Sohn des Konsuls, Christian, am Lübecker Gymnasium „Katharineum" durchläuft.[66]

Wie im ideellen Bereich, so geht der Sinn des Konsuls auch in der pragmatischen Zielsetzung der Handelspolitik der Stadt

Lübeck über den engen hanseatischen Gesichtskreis hinaus: Konsul Buddenbrook wird von Beginn an als Befürworter des Anschlusses Lübecks an den deutschen Zollverein vorgestellt.[67] Wenn sich auch dieses Ziel vorerst nicht verwirklichen ließ, so hat der Konsul an maßgebender Stelle die zunächst zweitbeste Lösung vorangetrieben, nämlich den Bau der Büchener Eisenbahn, womit eine Bahnverbindung nach Berlin hergestellt war. Er sitzt im Vorstand der Büchener Bahn, und das Buddenbrooksche Engagement wird als derart bedeutend eingeschätzt, daß nach seinem Tode sein Sohn Thomas den Sitz im Vorstand der Bahn erhält.[68]

Der Konsul hat schließlich noch auf einem weiteren Gebiet die Öffnung Lübecks zum Deutschen Bund bewirkt, nämlich als er den Anschluß Lübecks an das deutsche Postwesen durchsetzte. Sein Sohn Thomas geht diesen Weg der Erschließung eines deutschen Marktes für Lübeck konsequent weiter. Er denkt an eine direkte Bahnverbindung Lübecks mit Hamburg, und er hätte nichts dagegen, wenn der Bundestag des Deutschen Bundes dem dänischen König, der gleichzeitig Herzog von Holstein ist, mit einer „Exekution"[69] (einem Feldzug) auf die Finger klopfte, damit dieser die durch Holstein führende Trasse zwischen Hamburg und Lübeck freigebe. Gegen die Dänen, so gesteht er, habe er stets deutsch und national gedacht.

Im übrigen verdankt die Stadt Lübeck dem jungen Konsul Thomas Buddenbrook entscheidende Fortschritte in der städtischen Hygiene, denn Thomas Buddenbrook hat sich entscheidend für den Ausbau der Bürgersteige eingesetzt, und er hat dafür gesorgt, daß die Stadt die Gasbeleuchtung auf den Straßen einführte. Er überblickt sehr wohl die neuartige und beunruhigende Rasanz der modernen Stadtentwicklung mit dem Emporschießen der Trabantenstädte und weiß sich gegen die daraus erwachsenden „Verpflichtungen gegen die neue Zeit"[70] verbunden. Thomas Buddenbrook hat als Stadtpolitiker der neuen Zeit klar erkannt, daß man die Geschicke der Stadt nicht mehr in der Weise führen kann, wie es die alten hanseatischen Bürger taten. Nach Thomas Buddenbrook muß der Staat mit erhöhten finanziellen Mitteln ausgestattet werden, um den durch die neue Zeit wachsenden Aufgaben und Dienstleistungen gerecht werden zu können.

Aufgrund seiner außergewöhnlichen Aktivität in kommunalen Angelegenheiten, aufgrund seines außerordentlichen Verhandlungsgeschicks in innerstädtischen und ‚internationalen' Verhandlungsrunden und aufgrund seiner geistigen Brillanz in den Ausschußsitzungen der Bürgerschaft wird Thomas Buddenbrook seinem geschäftlichen Kontrahenten Hagenström bei der Senatorenwahl vorgezogen.[71] Thomas Buddenbrook übernimmt das Finanzressort, das zweithöchste Amt, das die Freie und Hansestadt Lübeck nach dem Posten des Regierungschefs, des Bürgermeisters, zu vergeben hat. Allenthalben spricht man davon, daß Thomas Buddenbrook dieses Amt auch tatsächlich in der angemessenen Weise ausfüllt, denn man nennt ihn schnell „des Bürgermeisters rechte Hand".[72]

Somit hat Thomas Buddenbrook in verhältnismäßig kurzer Zeit eine steile Karriere hinter sich gebracht. Sie hat ihn so weit geführt, wie Kaufleute in Lübeck überhaupt nur politisch aufsteigen können, denn Erster im Staat, Bürgermeister, kann nach alter Lübecker Verfassung nur ein „Gelehrter", womit ein studierter Jurist gemeint ist, werden.[73]

Nimmt man alle Informationen über die Firma der Buddenbrooks und über die wirtschafts- und kommunalpolitische Aktivität der Firmenchefs zusammen, so kann man Spuren des Verfalls nicht erkennen. Die Buddenbrooks sind dann, wenn man den Roman ein wenig ‚gegen den Strich' liest, sogar Vertreter eines deutschnational orientierten, aktiven Wirtschaftsbürgertums. Sie nutzen zwar nicht alle betriebswirtschaftlichen Möglichkeiten der neuen Zeit, doch gehen die Entwicklungen der Zeit keineswegs über diese ‚hanseatischen Bürger' hinweg. Im Gegenteil: Die Buddenbrooks sitzen an den Schaltstellen des Wandels.

Mit diesen Tatsachen schwer vereinbar scheint der Eindruck des kleinen Hanno, daß sein Vater die gesellschaftspolitischen Geschäfte gewissermaßen nur schauspielerhaft abwickelt.[74] Auch die Bedrückungen des Thomas Buddenbrook selbst wirken auf seinen glänzenden Lebenslauf nur aufgestülpt. Es ist doch kaum ernst zu nehmen, daß Thomas Buddenbrook deshalb seine Spannkraft verliert, weil schließlich ein weiteres Ziel des Strebens fehlt, da er als Nicht-,Gelehrter' den Bürgermeistersessel nicht erlangen kann! Solche Hybris ist man von den Buddenbrooks eigentlich nicht gewohnt.

Ab und an vermittelt der Autor auch unter Thomas Buddenbrooks Reflexionen einen realistischen Fingerzeig. Dann denkt Thomas ohne Abneigung an die Hagenströms und erkennt ihre sachlichen Verdienste um die Stadt.[75] Oder man erfährt die realistische Einschätzung, daß Verluste von der Art wie die verhagelte Pöppenrader Ernte oder der Bankrott der befreundeten Frankfurter Firma keinesfalls beängstigende Ausmaße angenommen hatten:[76]

„Er war ein reicher Mann, und keiner der Verluste, die er erlitten, auch den schweren des Jahres 66 nicht ausgenommen, hatte die Existenz der Firma ernstlich in Frage stellen können."

8. Erzählerische Perspektive zu Geschäft und Politik in den BUDDENBROOKS

Woher also stammt die Verfallsstimmung in den BUDDENBROOKS? Die sozialhistorischen Vergleichstexte treffen ähnliche Stimmungslagen im gesellschaftlichen Bewußtsein bei Teilen des Bildungsbürgertums an. Aber die BUDDENBROOKS geben kein repräsentatives Bild dieser bürgerlichen Schicht, ihre Repräsentanten tauchen in ausführlicher Weise im Roman nicht auf.

Möglicherweise kann man die Frage nach der Ursache der Verfallsstimmung in sozialhistorischer Sicht klären helfen, wenn man nicht danach fragt, was über Geld, Geschäft und Politik der Buddenbrooks berichtet wird, sondern indem man untersucht, in welcher Weise über diese Bereiche berichtet wird:

So sehr sich nämlich in einer zusammenfassenden Verkürzung aus den BUDDENBROOKS Momente einer Geschichte des Bürgertums im 19. Jahrhundert ablesen lassen, so wenig werden diese Stationen einer historischen Entwicklung für den Gang der Romanhandlung bedeutsam. Sie werden mehr beiläufig erwähnt und in Freizeitbeschäftigungen eingefügt, nicht in der Atmosphäre des Geschäfts oder im Bewußtsein geschichtlich bedeutsamer Vorgänge beschrieben: Des Konsuls Neigung zum Zollverein und zur Julimonarchie erfährt man während eines Essens und Gesprächs am Billardtisch, an dem sich geladene Gäste, Geschäftsfreunde, am Sonntagnachmittag die Zeit vertreiben.[77] Wenn dieselben Herren bei Tisch von der Börse sprechen, so notiert der Erzähler wohl sprachliche Eigenheiten, nicht aber den Inhalt der Gespräche - inhaltsvoll wird der Bericht des Erzählers, als es im Gespräch der Damen um Rezepte geht.[78] Das Engagement des Konsuls für die Bahnverbindung Lübeck-Büchen und seine Leistungen beim Anschluß Lübecks an das moderne Postwesen im Deutschen Bund erfährt der Leser beiläufig erst nach dem Tode des Konsuls aus einem Gespräch zwischen Thomas Buddenbrook und seinem Friseur während der morgendlichen Rasur.[79] Aus dem erwähnten Gespräch mit dem Friseur erfährt der Leser überhaupt die umfassendste Darlegung der wirtschaftlichen Aktivitäten und programmatischen Vorstellungen der Buddenbrooks! Der Autor führt den Leser nicht in die politischen Verhandlungsräume oder die Comptoirs' in denen die Geschäfte abgewickelt und die Dispositionen getroffen werden. Bevor Informationen über die Geschäftsführung tiefschürfend werden können, schwenkt der Autor zu anderen Motiven über, wie etwa bei folgendem Gespräch:

„Na, Tom", sagte der Konsul gutgelaunt und nahm die Zigarre aus dem Mund; „die Roggenangelegenheit mit van Henkdom & Comp., von der ich dir erzählte, arrangiert sich."

„Was gibt er?" fragte Thomas interessiert und hörte auf, Tony zu plagen.

„Sechzig Taler für die tausend Kilo - nicht übel, wie?"

„Das ist vorzüglich!" Tom wußte, daß dies ein sehr gutes Geschäft war."[80]

Damit ist das Gespräch auch schon beendet, erklärte Informationen werden nicht gegeben. Als wenig später Bendix Grünlich zu seinem ersten Besuch bei den Buddenbrooks erscheint und nach einigem Höflichkeitsgeplänkel mit dem Konsul über „Geschäfte" reden will, entläßt der Erzähler die beiden zu einem Spaziergang in den Garten und bleibt bei der am Tisch zurückbleibenden Kaffeegesellschaft.[81]

Geschäftsvorgänge und historische Entwicklungen werden also nicht zum Thema der literarischen Schilderung erhoben. Die Hauptfiguren, Leiter des Buddenbrookschen Unternehmens, werden weder als Unternehmer noch als Politiker geschildert. Ihre geschäftlichen und politischen Aktivitäten kommen nur aus der Sicht desjenigen in den Blick, der mit Geschäft und Politik nichts zu tun hat. Anders ist es nicht zu erklären, daß der Politiker Thomas Buddenbrook wesentlich als ermüdeter ‚Schauspieler' der öffentlichen Repräsentation geschildet wird, obwohl man doch schon angesichts der Wichtigkeit seines Amtes vermuten kann, daß sich in dem Senator auch andere als schauspielerische Regungen rühren. Die erzählerische Technik in den BUDDENBROOKS schafft ein Mitteilungsniveau, das sich an Informationen orientiert, die beim geselligen Zusammensein aufgeschnappt werden. Deshalb wird auch nicht erkennbar, daß die Politik der Buddenbrook-Unternehmer aus Überzeugung oder aufgrund wirtschaftlicher Interessen betrieben werden. In der Kaffeetischatmosphäre nehmen die politischen Auseinandersetzungen deshalb ganz zwangsläufig ironisch-skurrilen Charakter an wie die Schilderung der 48er-Ereignisse, oder sie geraten in den Schein von Sportveranstaltungen, die zu wiederholten Malen mit je wechselndem Erfolg eine Neuauflage des Treffens ‚Buddenbrook gegen Hagenström' darstellen.

Wird nur am Kaffeetisch und aus der Sicht von Leuten, die selbst nicht ‚im Geschäft stehen' wirtschaftliche Aktivität beleuchtet, so steht zu vermuten, daß ihre Vorstellung von Vermögen eine andere ist als diejenige, die sich der im Wirtschaften Stehende davon macht. In der Tat: untersucht man die im Roman mitgeteilten ‚Bilanzen' und Vermögensbewegungen, so zeigt sich, daß es sich keineswegs um die freie Manövriermasse des Geschäftskapitals handelt. Auch die Struktur des Firmenkapitals wird nicht mitgeteilt. Was die Erhaltung der Speicher, die Entlohnung der Arbeiter und Angestellten bis hin zu den Kapitänen, die Unterhaltung der Flotte und ihre Umrüstung auf Dampfschiffe kostet, schließlich was an laufendem Unternehmerlohn kalkuliert wird - nirgends findet sich dazu eine Zeile. Eine ‚Bilanz' kann der Leser also aus den BUDDENBROOKS nicht herauslesen. Wenn vom Vermögen der Familie Buddenbrook die Rede ist, so handelt es sich um die Erbmasse und das Versorgungsinstitut des Hauses. In Bezug auf die Firma dreht es sich allenfalls um eine letzte Reserve. Es ist die Spardose der Buddenbrooks, von der der Autor so gern berichtet. Finanzielle Bewegungen und Transaktionen, die diese Funktion des Familienvermögens betreffen, werden mit Aufmerksamkeit registriert und zum Teil breit ausgemalt. Der

Kontext dieser Entscheidungen aber führt nicht ins Kontor oder zur Börse, sondern - wie gleich bei der ersten Episode dieser Art, der Gotthold-Episode[82] - in den persönlich-familiären Kreis, sei es am Rande geselliger Zusammenkünfte, bei Aushandeln der Mitgift, bei der Vorbereitung der Scheidung, bei Testamentsvollstreckungen und Nachlaßberatungen.

Die Untersuchung der BUDDENBROOKS in Hinsicht auf bürgerliche, kaufmännische Inhalte ergibt keihe Anhaltspunkte für einen bürgerlichen oder kaufmännischen Verfall. Deutungen, die in den BUDDENBROOKS die symbolische und in vielen Zügen realistische Darstellung eines sinkenden bürgerlichen Zeitalters herauslesen, sind einer Erzählperspektive verfallen, die zwar vermeint, Wirtschaft und Politik zu erfassen, im Grunde aber diese gesellschaftlichen Bereiche sowie die in ihr handelnden Menschen gar nicht in das Zentrum des erzählerischen Interesses rückt.

Der Blickwinkel zu geschäftlichen Vorgängen öffnet sich nur dann, wenn es darum geht, die Firma als Unterhaltsquelle für die nicht geschäftlich tätigen Mitglieder der Familie in Anspruch zu nehmen. Das Interesse des Erzählers, so halten wir als ‚Zwischenbilanz' fest, folgt also der Perspektive der Frau in der Kaufmannsfamilie, der Kinder der Familie und der von der Familie zu versorgenden Rentner.

Sucht man nach einem sozialgeschichtlichen Bezugsfeld der BUDDENBROOKS, so hat man nicht nach dem auszuschauen, was man allgemein beim Begriff ‚Bürgertum' im neunzehnten Jahrhundert assozziiert, nämlich Wirtschaftsentwicklung und Wirtschaftspolitik, sondern nach einem Bereich, der im vorigen Jahrhundert weit weniger den Läufen der Zeit ausgesetzt war: nach der Binnenstruktur der im Bürgertum vorherrschenden Familienform.

IV. A. Die bürgerliche Familie – soziologische Darstellung

Die Familie ist das einzige Versorgungsinstitut für ihre Mitglieder, und sie nimmt auch nach Vermögen die Aufgaben der Lebenssicherung wahr, die im Laufe der letzten hundert Jahre nach und nach durch kollektive Versicherungen und vom Staat übernommen worden sind. Der Vater trägt die Verantwortung für die Erhaltung des Familienvermögens als Versorgungsgrundlage seiner Anvertrauten. In der Erfüllung dieser wirtschaftlichen Aufgabe in einer Welt des rücksichtslosen Konkurrenzkampfes reproduziert die Familie das in der kapitalistischen Wirtschaft bestehende Wirtschaftssystem. Wie der Unternehmer über seine „Arbeitnehmer" gebietet, so der Vater über seine Familienmitglieder[1], er „ist Herr im Haus, weil er das Geld verdient oder wenigstens besitzt".[2]

„Sich den Wünschen des Vaters anpassen, weil er das Geld hat, ist ganz unabhängig von allen Gedanken über seine menschlichen Eigenschaften das einzig Vernünftige."[3]

Das Vater-Sohn-Verhältnis in diesem Autoritätsverband beschreibt Horkheimer folgendermaßen:

„Mag er über den Vater wie auch immer denken: Wenn er nicht schwere Versagungen und Konflikte heraufbeschwören will, muß er sich unterordnen und seine Zufriedenheit erwerben. Ihm gegenüber hat der Vater schließlich immer recht; er stellt Macht und Erfolg dar, und die einzige Möglichkeit für den Sohn, in seinem Innern die Harmonie zwischen den Idealen und dem folgsamen Handeln aufrechtzuerhalten, die bis zum Abschluß der Pupertät des öfteren erschüttert wird, ist die Austattung des Vaters, das heißt des Starken und Vermögenden, mit allen Qualitäten, die man als positive anerkennt."[4]

Aufgrund der materiellen Funktion der Familie lernen die Familienmitglieder während des Erziehungsprozesses, menschlich-seelische Regungen in letzter Instanz den rücksichtslosen „Realitäten" unterzuordnen. Zudem übt der Widerspruch zwischen den Idealer von „Leistung und Verdienst", „Harmonie und Gerechtigkeit"[5] und der machtvollen Position des Vaters in die Annahme des „Gedankens an die Macht von Menschen über Menschen, des Oben und Unten, des Befehlens und Gehorchens"[6] ein.

Autorität und Gehorsam werden also als naturgegeben erfahren, die „Wirklichkeit" als absolute, fremde und bedrohliche

Macht, die im Konfliktfall über die Ideale der Menschlichkeit die Oberhand behält. Der gesellschaftliche Raum außerhalb der Familie wird auf diese Weise als Schicksal angesehen, das die Familie ständig gefährdet. Berechenbarer Faktor unter den Menschen bleibt unter dieser Situation einzig das Geld:

„... die bürgerlichen Söhne und Töchter (lernen) trotz alles Redens von diesen Idealen, die sie in ihr eigenes Innere aufnahmen, daß die Erfüllung aller Wünsche in Wirklichkeit von Geld und Stellung abhängt."[7]

Die Söhne und mehr noch die Töchter erfahren es am drastischsten durch eine Verheiratung nach pekuniären Rücksichten. Wenn sie sich gegen das finanzielle Diktat, vertreten vom Vater, stellen und „aus Liebe" heiraten gegen den Konsens des Ernährers, so droht die Bestrafung in Form einer Aussperrung vom Erbe oder doch einer Minderbeteiligung, auf jeden Fall durch eine Beschneidung der Lebensgrundlage.[8]

Obwohl die Erfüllung wirtschaftlicher Funktionen und die daraus resultierende autoritäre Struktur in der Familie letztlich dominieren so bildet die Familie dennoch auch einen Schonraum für ihre Mitglieder. Der Innenraum der Familie ist der Ort,

„wo sich das Leid frei ausgesprochen und das verletzte Interesse der Individuen nen Hort des Widerstandes gefunden hat".[9]

Hier können Zuneigung und Liebe stattfinden, die nicht auf finanzielle Rücksichten achtgeben oder auf gesellschaftliche Konventionen. Vor allem die Frau und Mutter ist die zentrale Figur dieser liebevollen Innerlichkeit, ihre Liebe bewahrt die „Ahnung eines besseren menschlichen Zustands".[10] Dabei spielt auch die Frau ein wirtschaftliche Rolle, deren Gewichtigkeit einmal von der Höhe des Familienvermögens und des Einkommens des Mannes abhäng zum anderen von der allgemeinen wirtschaftlichen Entwicklung beeinflußt wird.[11] Generell ist die Frau verantwortlich für die Besorgung, Lagerung und Vorratshaltung von Hausratsgütern allgemein und für die Zubereitung der Lebensmittel im besonderen. In früheren Zeiten mußte sie dabei selbst mit zupacken und bei Besorgungen mitgehen. Mit der wachsenden Differenzierung des Wirtschaftsprozesses wurden im 19. Jahrhundet zunehmend - bei entsprechend hohem Vermögen schon seit je - die Versorgungs- und Vorsorgefunktionen des Haushalts außer Haus gegeben. Damit blieb der Frau vornehmlich die dispositive Funktion bei der Haushaltsarbeit vorbehalten. Sie verliert den Kontakt mit der ausführenden Hausarbeit, und schließlich bleibt ihr nur noch die Aufgabe der Einrichtung des Hauses und seiner Repräsentation bei gesellschaftlichen Anlässen. Die Frau steht dann zur Arbeits- und Geschäftswelt nicht mehr in einem direkten Verhältnis, sondern wird wesentlich auf den Innenraum der Familie verwiesen und hier auf eine Welt der Erziehung, der Freizeit und des Konsums.[12] Ist dazu die berufliche Betätigung des Mannes nicht direkt einsehbar und anschaulich wie etwa - um den literarischen Bezugspunkt der BUDDENBROOKS zu nennen - beim Fernhandelskaufmann, so muß der Frau die Geschäftswelt als Schicksal erscheinen, das in unvorhersehbarer Weise über die materielle Sicherheit der Familie, und hier in hervorragender Weise die Mutter und Hausfrau, für ihren Bereich die „Neigung nach Stabilität und Kontinuität" zu verwirklichen und den familiären Innenraum als Hort der Sicherheit gegen jedwede unerwünschten Einblicke und Angriffe abzuschirmen.[13]

Denjenigen Familienmitgliedern, die vornehmlich im Innenraum der Familie leben, der Frau also, dem Sohn bis zur eigenen Geschäftsfähigkeit und der Tochter[14] wird ein Weltbild nahegelegt, das der geordneten Familienwelt und den zur Ordnung auffordernden Traditionsmaßstäben eine diffuse Außenwelt gegenüberstellt, die man passiv zu erleiden hat. Tatsachen und Vorgänge der Außenwelt gelangen vornehmlich nur insoweit in das Bewußtsein, als sie die Interessen der eigenen Versorgung, der Abwehr akuter Lebensnot und der Ermöglichung eines angemessenen Lebensstils betreffen. In der „Neigung nach Stabilität und Kontinuität"[15] nehmen die Mitglieder der Familie im Gang der Generationen mehr die Kombinationen der Bewahrung und der Ähnlichkeiten wahr als den Konflikt.[16] Der Vater selbst durchstößt im allgemeinen nicht die Entfremdung zwischen Arbeitswelt und privatem Raum der Familie - vielleicht bis auf die Heranbildung eines Sohnes als Nachfolger im Geschäft[17] -, sondern zieht sich von Zeit zu Zeit in den familiären Innenraum als Rekreationsraum zurück. Hier im familiären Innenraum braucht der Hausherr und Ernährer über die Herkunft seines Geldes nicht zu sprechen.[18] Das Wirken seiner Frau in der Familie vor Augen, konnte er vergessen, daß seine Gelder auf gar nicht immer feine Weis zusammenkamen, denn:[19]

„Frauen widerlegten durch ihr Dasein den Vorwurf, es gehe den Männern nur ums Geschäft. Sie brachten alte Siften und Bräuche mit in die Ehe und setzten sie meist hartnäckig [...] durch. Mit der Überlieferung der Sitten und Bräuche [...] erweiterten sie noch den Effekt ihres faktischen Daseins um konservative Noten, die dem guten Ruf wohltaten. Zu Hause und mit Frau und Kindern konnte man auch als kaptalistischer Bürger, als Bourgeois, mit sich identisch sein."

Dieses Verhalten im Zusammenhang mit der Trennung von Arbeitswelt und Familie birgt allerdings auch eine Gefahr für die Stellung des Vaters: Die Uneinsichtigkeit seiner Leistung kann seine Autorität schwächen. Dieser Vorgang tritt in geschichtlicher Bedeutung allerdings erst von dem Moment an ein, von dem die wirtschaftliche Leistungskraft durch die bezahlte Mitarbeit der Frau für das Familieneinkommen relativiert wird.[20]

Die soziologische Beschreibung des familiären Innenraums der Kaufmannsfamilie deckt Ähnlichkeiten mit dem abgehobenen Beamtenhaushalt auf. Hier wie dort gibt es Barrieren der Einsicht zur Welt des Geschäftemachens und zur Arbeitswelt. Deshalb könne sich Affinitäten der Weltsicht herausbilden. Das um so mehr, als die neuhumanistische Bildung durch die nachgeborenen Söhne auch in die Kaufmannsfamilien Einzug hält. Die besondere Struktur des familiären Innenraums schlägt die Brücke zu einem Vergleich der literarischen Perspektive in den BUDDENBROOKS mit der Sozialperspektive des Bildungsbürgertums, der im fünften Kapitel durchgeführt wird.

IV. B. Die Schilderung der Familie in den „Buddenbrooks"

1. Umriß der Familie in den BUDDENBROOKS

Ohne interpretatorische Kunstgriffe sind die Ähnlichkeiten zwischen den soziologischen Darlegungen und den Schilderungen im Roman erkennbar. So zeigt etwa die oben angeführte Gotthold-Episode deutlich die allgewaltige Position des Vaters, der bei Umgehung seines Willens materiell straft. Das menschliche Gefühl und die Liebe unterliegen dem wirtschaftlichen Kalkül; der Konsul Johann Buddenbrook führt in den vorbereitenden Gedanken zur Entscheidung gegen Gotthold den Mechanismus dieser Repressionsstruktur vor. Persönliches Mitgefühl ist zwar erlaubt, aus dem Gefühl aber resultiert kein materielles Resultat.
Die Unterwerfung der Gefühle im Interesse von Geld oder der gesellschaftlichen Konvention kann der Leser besonders eindringlich miterleben beim Abbruch der Beziehungen zwischen der Liebe zwischen Tony Buddenbrook und Morten Schwarzkopf[21] und dem Ende der Beziehung zwischen Thomas Buddenbrook und der kleinen Blumenbinderin Anna[22], der späteren Frau Iwersen. Der Konsul Johann Buddenbrook zwingt seine Tochter geradezu zur Heirat mit dem Hamburger Kaufmann Bendix Grünlich.[23] Entgegen persönlicher Neigung setzt der Konsul den Gedanken einer finanziell angemessenen Einheirat durch. Dieser herrschende Gesichtspunkt dient nicht allein der persönlichen Absicherung der Betroffenen, Tony nämlich, sondern vor allem dem Traditionsinteresse und dem Ruf der Buddenbrookschen Familie. Bei allen Hochzeiten der Buddenbrooks spielt die Berechnung der Mitgift das dominierende Gesprächsthema. Auch für die Ehe Thomas und Gerda Buddenbrook ist nicht auszumachen, worin eigentlich die gegenseitige menschliche und gefühlsmäßige Zuneigung bestand, die zur Eheschließung führte. Dafür ist aber häufig die Rede von den 300 000 Mark Kurant, die die schöne Amsterdamerin als Mitgift in die Ehe einbringt.[23a] Demgegenüber wird Gerdas Gedanken- und Gefühlswelt nicht einsichtig, „ihr Innenleben bleibt auch für den Leser ein Rätsel"[23b].

Gerda Buddenbook wird stets nur aus der Perspektive der Reputationswahrung der Familie gezeichnet, wobei am meisten die gegenüber ihrem Mann nicht mitteilbare Musikliebe und -begabung, ihr fremd wirkendes Gesicht und ihre Migräne registriert werden - die Migräne als Anfälligkeit, die Gerda vor allem dann befällt, wenn mit ihrem Mann Repräsentationspflichten zu erfüllen sind. Wenn überhaupt, so ist eine Vertraute von Thomas Buddenbrook nicht seine Frau, sondern seine Schwester Tony. Der Gegenstand des ‚Vertrauens' sind freilich keine höchst persönlichen Belange des Innenleben, sondern die Familie unter dem Gesichtspunkt ihres Images in der Lübecker Gesellschaft.

Im Sinne einer traditionsgeleiteten Lebensführung wirkt das Führen einer Familienchronik, die alle wichtigen persönlichen Begebenheiten in der Familie festhält. Auch Tony empfindet die Gewichtigkeit, die die Mitglieder der Familie und die Familienereignisse allein schon dadurch erhalten, daß sie fein säuberlich in einem außerordentlich gediegen gebundenen Buch schriftlich festgehalten werden. Der Eindruck der Bedeutsamkeit überwältigt sie anläßlich der Lektüre in der Familienchronik, so daß sie mit einem Schlage die Herrschaft des Familieninteresses der Buddenbrooks verinnerlicht. Die Internalisierung des Familienbewußtseins führt sowohl zur Zustimmung für die Heirat mit dem ungeliebten Grünlich[24] als auch zu dem Entschluß, Grünlich sofort zu verlassen, als die Vermögensmasse der Buddenbrooks auf dem Spiel steht.[25]

Bei den in der Sekundärliteratur oft vermerkten ‚Geschäftsbilanzen' geht es in Wahrheit stets um eine Überprüfung des Familienvermögens im Interesse einer langfristigen matieriellen Sicherstellung der Familienmitglieder.[26] Eine Bilanz hätte Aufschluß zu geben über Gewinn und Verlust in einem regelmäßig abgesteckten Zeitraum, und durch eine detaillierte Aufgliederung der Finanzen hätten sich Aufschlüsse über die Struktur des Unternehmens ergeben müssen sowie darüberhinaus Hinweise auf die Strategie der laufenden Geschäftsführung. Daß der Erzähler eben nur die ‚Spardose' der Familie im Auge hat, erkennt man am Fehlen von Umsatzzahlen, am Verschweigen des Unternehmerlohnes und des Aufwandes für die laufenden Ausgaben der Haushaltsführung. In einer familieninternen Auseinandersetzung mit seiner Frau um die Aufstockung des Hauspersonals antwortet der Konsul bezeichnenderweise mit dem allgemeinen Hinweis auf das Familienvermögen und auf die Pflicht zur Sparsamkeit, nicht mit einer ‚Bilanz' des Familienhaushalts. Die Entscheidung über die Anstellung eines Hausangestellten erfolgt schließlich nicht aufgrund wirtschaftlicher Rationalität, was dem Problem angemessen wäre und wozu eine Besprechung über das Hauspersonal mit der Konsulin die Grundlage hätte bilden können, sondern einige Tage später aufgrund einer Stimmung, der ‚guten Laune', die der Konsul mittags aus dem Kontor mitbringt.[27] Die BUDDENBROOKS repräsentieren einen Luxushaushalt, der die Frauen weitgehend von häuslicher Arbeit entlastet und ihnen lediglich die Aufgaben des Anordnens und einer gewissen Kontrolle überläßt, sofern auch hierfür nicht schon Hausangestellte zur Vefügung stehen wie Ida Jungmann und Rieckchen Severin. Organisieren und Aufpassen müssen die Buddenbrookschen Frauen bei den gesellschaftlichen Essen im Hause des alten Johann Buddenbrooks, bei der Abhaltung der Familienabende im Hause der Konsulin sowie bei den Weihnachtsfeiern.[28] Die Essen und die Weihnachtsfeiern dienen gleichzeitig der Festigung der Beziehung zu nahestehenden oder verwandten Geschäftsleuten, die Weihnachtsferien zeigen die Familie zudem in einem patriarchalisch-fürsorgerischen Engagement und dienen mit der Verpflichtung der Chorknaben der Marienkirche der Repräsentation der Familie, zeigen den gehobenen Lebensstil. - Das Einrichten von Wohnungen ist vor allem eine Lieblingsbeschäftigung der Tony Buddenbrook, die auch keinen Hehl daraus macht, daß ihr luxuriöser Lebensstil zukommt. Das Urteil Morten Schwarzkopfs, daß Tony im Grunde eine Adlige, eine „Demoiselle" sei[29], trifft durchaus zu.

Wie von den Soziologen beschrieben, so formt auch in den BUDDENBROOKS das Diktat der finanziellen Lebenssicherung die Gestalt der Lebensform ‚Familie' und versucht, diese kollektive Lebensweise nach außen hin zu festigen. Aber die Familie erschöpft sich nicht in den Erscheinungsformen der Abgrenzung zur Mitbevölkerung. Die Familie hat auch ein Innenleben.

2. Der familiare Innenraum der Buddenbrooks

Der Innenraum der Familie stellt in der literarischen Perspektive einen Freizeitraum dar, der durch kulturelle (religiöse, musikalische) Beschäftigungen und die Erziehung der Kinder angefüllt wird. Hierher ziehen die jeweiligen Ernährer zur Erholung, Beschaulichkeit und Zerstreuung zurück, die allerdings den nicht geschäftstätigen Familienmitgliedern in größerem Maße zuteil wird, wie die Aufenthalte in Travemünde zeigen: Die Familie macht vier Wochen Urlaub, der Vater macht sich nur zum Wochenende von den Geschäften frei. Das Vorherrschen gefühlsmäßiger Bindungen in diesem Innenraum wird am deutlichsten an Hanno Buddenbrook, der von Ida Jungmann mit aller Wärme und viel Verständnis umsorgt wird. Gerda frönt der Musik und schirmt sich zusätzlich mit Migräne von den Anforderungen der Außenwelt ab. Den Kontrast zwischen der Innenwelt der Familie und der Außenwelt zeigen die Beispiele von Tony und Thomas Buddenbrook. Tony wird erst durch die erzwungene Heirat mit Grünlich durch das „Leben"[30] belehrt, Thomas hat am frühesten gelernt, seine Gefühle zu beherrschen und den Interessen der Firma unterzuordnen. Auch Christian schließlich, durch die Erziehung - nämlich auf dem Gymnasium statt auf der Realschule und im Kontor - schon früh dem Geschäfte entfremdet, kann im Innenraum der Familie zugestanden werden, seine Gefühle und Leiden zu kultivieren. Als Repräsentant der Familie kommt er freilich nicht mehr in Frage, sondern steht in Bezug auf sein Handeln gegenüber der Außenwelt auch schon vor seiner Unzurechnungsfähigkeit unter der vom Familienoberhaupt Thomas Buddenbrook ausgesprochenen Drohung der Entmündigung aus Rücksichten um das Familienvermögen.[31] Obwohl Auseinandersetzungen entstehen, versucht man doch, wie die Konsulin, den Innenraum der Familie von Konflikten freizuhalten oder sie doch nur insoweit zuzulassen, daß sie die Formen der Familie nicht auflösen. Immer wieder wird der traditionelle Rahmen der Familie in Ordnung gebracht[32], wird die Versorgungssubstanz der Familie überprüft und geregelt, wenn geschäftliche Unbilden oder die Natur - durch Todesfälle - in den Stand der Familie eingegriffen haben.

Es ist nicht verwunderlich, daß gerade Tony, die ausschließlich im familiaren Innenraum lebt, die Familie und die Firma in eins setzt, als „Wesenheit höherer Ordnung"[33] über ihr Handeln bestimmen läßt und ihren Lebensbereich mit einem autistischen Haß gegen andere, vor allem gegen die Hagenströms, abschirmt und absichert. Erst aus der Funktion der Absicherung des familiaren Innenraums wird überhaupt der Haß auf die Hagenströms verständlich. Er wird im wesentlichen von Tony Buddenbrook kultiviert, später dann von Hanno. Tony schafft die Atmosphäre der Abneigung durch eine allzu drastische Zurückweisung eines gutgemeinten, aber plumpen Annäherungsversuchs des Schuljungen Hermann Hagenström.[34] So bestimmen Streitereien aus der Schulzeit die Haltung für ein ganzes Leben, obwohl durchaus gerechtere Informationen und Urteile über die Hagenströms zur Verfügung stehen - Thomas Buddenbrook wertet den beruflichen und schulischen Eifer der Hagenströms von früh an sogar anerkennend.[35]

Die Lebensform der Familie ist die Sehnsucht aller, denn unverheiratete Töchter gelten als kauzig, wie die Gotthold-Töchter, und werden aus der Familie weitgehend ausgegliedert: Klothilde wird in einem Stift untergebracht.[36] Selbst offenkundig negative Erfahrungen können das Image der Institution der Familie nicht erschüttern: Tony Buddenbrook hält sogar nach zwei gescheiterten Ehen die Fiktion der verheirateten Frau aufrecht, indem sie hinter ihren Namen den ‚Titel' „Witwe" setzt.

Auch Christian kann sich ein Leben ohne eigene Familie nicht vorstellen und verkörpert somit denselben Drang zur traditionellen Lebensform. Er heiratet schließlich, nachdem durch den Tod des Senators Thomas Buddenbrook das von diesem ‚leitenden Familienoberhaupt' erteilte Heiratsverbot gefallen war, die Hamburger Lebedame Aline Puvogel. Freilich gerät ihm auch in diesem Bereich die Wirklichkeit zur Karikatur. Seine Hypochondrien steigern sich in einem Maße, daß er in eine Nervenheilanstalt eingeliefert werden muß. Seine Frau kann unterdessen ihren gewohnten Lebenswandel fortführen, nunmehr sogar finanziell gesichert.[38]

3. Das Weltbild aus der Perspektive des familiaren Innenraums

Ein Vergleich der soziologischen Darstellung mit dem Blickwinkel des Buddenbrook-Chronisten zeigt, daß in den BUDDENBROOKS die Struktur der bürgerlichen Familie zutreffend gezeichnet wird. Doch nicht nur die Übereinstimmung in den Grundzügen ist bemerkenswert, auch die Breite, die der Schilderung der Familie eingeräumt wird, fällt auf: Schon Lämmert hat darauf hingewiesen, daß das Geschehen in der Familie überhaupt das Hauptthema der BUDDENBROOKS sei:

„Nirgends greift diese Geschichte des europäischen Bürgertums über den Familienhorizont ernstlich hinaus. Wollte man die äußeren Ereignisse aufzählen, die das Geschick von vier Generationen gliedern, so würde man wenig mehr als Taufen und Todesfälle, Hauseinweihungen und Jubiläen, Hochzeiten und Vermögensbilanzen nennen können."[39]

Die Ereignisse im Innenraum wiederholen sich in ihrer Grundsubstanz; nur die Erscheinungsformen bieten einige Variationen. Auch die Charaktereigenschaften der Familienmitglieder werden in den verschiedenen Situationen immer wieder von neuem exemplifiziert - ebenso die physische Verfassung der einzelnen Buddenbrooks. Der familiare Innenraum hebt sich so als statischer Bereich von der gesellschaftlichen und wirtschaftlichen Entwicklung ab.[40] Aus dieser Perspektive wird die gesellschaftliche Entwicklung auf einige für die Familie bemerkenswerte, weil unmittelbar erlebte Ereignisse reduziert. Übrig bleiben in diesem Weltbild Stories und Kuriosa, die als Einzelfälle ohne den geschichtlichen Zusammenhang bleiben. Auf diese Weise kann man natürlich keine Entwicklungen in der Gesellschaft ablesen, und so empfindet man das Hereingreifen der Außenwelt in die Belange der Familie als ‚Schicksal'.[41] In ihrer Eigenschaft als ‚Schicksalsschläge' wird deshalb den verschiedenen Episoden um Grünlich, Permaneder, Weinschenk und die Pöppenrader Ernte ein breiter Raum gewidmet, hinter dem die Bedeutung der Sicherstellung der materiellen Lebensgrundlage durch die kaufmännische Tätigkeit der Herren Buddenbrook im alltäglichen Geschäft fast völlig verschwindet.

Im Schonraum der Familie können Personen ihr Verhalten und ihre gedankliche Kapazität gegen die Einflüsse der Zeitläufe abschirmen und ihre Handlungsmuster ständig wiederholen.

Der Gedankenvorrat für Unterhaltungen und Bemerkungen ist begrenzt. Aufgeschnappte Sentenzen können selbst dann noch mitgeschleppt werden, wenn sie der eigenen Haltung nicht entsprechen und längst unzeitgemäß geworden sind, wie Tonys Hinweise auf die vormärzliche Universitäts- und Pressegesetzgebung, die sie in unbefangenen Jugendtagen von dem Burschenschaftler Morten Schwarzkopf aufgeschnappt hatte.[42] Daß nämlich die jeweiligen Ernährer, die Vorstände der Getreidefirma, eigentlich auf der Höhe der Zeit bleiben, wird unter dieser Perspektive gar nicht registriert.

In den BUDDENBROOKS wiederholen sich nicht nur die verschiedenen Familienereignisse. So wie diese keine offene Entwicklung in die Zukunft aufscheinen lassen, sondern sich kreislaufartig stets von neuem durchspielen, so ist auch die Romangeschichte im ganzen schon früh disponiert.

Gleich im „Ersten Teil" des Romans erfährt der Leser von der Familie der Ratenkamps, die vor den Buddenbrooks das Haus an der Mengstraße besessen hat und infolge eines geschäftlichen Abstiegs verkaufen mußte.[43] Auch Einzelheiten zum zukünftigen Ende der BUDDENBROOKS werden schon mitgeteilt, wie etwa die zu erwartende kaufmännische Untüchtigkeit Christians und der Gegensatz der beiden Brüder.[44] Selbst wenn man also von einer ‚Geschichte' der Buddenbrooks sprechen sollte, so wird ihr Verlauf doch nicht als eine spezifische, nur den Buddenbrooks zukommende Ereigniskette gesehen, sondern als Paradigma für eine Einheit in einem ewigen Kreislauf, den möglicherweise[44] einst auch die Hagenströms wohl durchlaufen werden.

4. Erzähltechnische Abstützung des statischen Weltbildes aus der Perspektive des Innenraums der Familie

Das statische Weltbild, das in dem Leben der Buddenbrooks repräsentiert wird, findet seine erzähltechnische Abstützung vor allem durch das Stilmittel des Leitmotivs.[45]

Das „epische Leitmotiv"[46] (Koopmann) wiederholt charakteristische physiognomische Züge, Haltungen, konstante Redensarten und Verrichtungen. Dazu gehören etwa bei Thomas Buddenbrook das stete Hemdenwechseln, das Kettenrauchen scharfer russischer Zigaretten und das Hochziehen der Augenbraue, bei Tony Buddenbrook das Würde signalisierende Andrücken des Kinns auf die Brust bei gleichzeitigem Aufrechthalten des Kopfes, ihre Redensarten von ‚Leben', ihr ‚Wissen' um die vormärzlichen Universitäts- und Pressegesetze, ihr wohliges Aufgehen in den Geschäftigkeiten um Familienereignisse, Christians verschiedene Krankheitssymptome und die sie begleitenden Redensarten - „Ich kann es nun nicht mehr." -, Gerdas eng beieinanderliegende, bläulich umschattete Augen, Hannos wimpernverhangene Augen, Sesemi Weichbrods „Sei glöcklich, du gutes Kend!" und ihre turbulenten Weihnachtsferien usf. Mit denselben Formulierungen oder doch in fast gleichen Wendungen weist der Erzähler immer wieder auf die schon verzeichneten Merkmale und Verhaltentweisen hin. Die Wirkung der leitmotivischen Erzähltechnik beschreibt Koopann mit den Worten:

„Das epische Leitmotiv . . . nimmt Bezug auf das, was schon einmal genannt wurde, auf bereits relativ eindeutig charakterisierte Personen, Gebärden, Gegenstände und Situationen. Das epische Leitmotiv ist ein ‚Zeichen', und die so ‚bezeichneten' Figuren bekommen dadurch jeweils eine Allgegenwart, die es ihnen gestattet, auch weiterhin in epischer Zukunft wiederzukehren."[47]

Nicht Geschichte also wird nachgezeichnet, sondern ein Situationsgemälde ausgebreitet, ein Tableau erstellt, denn „Leitmotivik [. . .] bedeutet Zeit- und Geschichtslosigkeit."[48] Die leitmotivischen Wiederholungen schildern keinen grundsätzlichen Wandel durch zeitliche Entwicklung, sondern sie dienen der Differenzierung, der Ausfaltung, der Verdeutlichung des schon Bezeichneten und Erkannten.[49]

So gibt es eine Entwicklung nur im Bereich der literarischen Erzähltechnik, die durch eine „Intensivierung des Erzählvorgangs"[50], durch eine „progressive Erzählintensität"[51] bei der Neuaufnahme leitmotivischer Stationen immer ausführlicher und umschweifiger erzählt.

Die Technik der Leitmotivik entspringt einem allgemeinen Erzählerstandpunkt Thomas Manns. Nach Thomas Mann berichtet der Romanerzähler von Vorgewußtem, von schon Bekanntem, von dem, was seit je gewesen ist und in den Grundzügen immer sein wird. In den BUDDENBROOKS schon kündigt sich an, was die Erzählhaltung späterer Werke Thomas

Manns noch deutlicher hervorbringt, daß nämlich die ‚homerische Erzählhaltung' auf Bleibendes und Typisches zielt, auf die Gründe des Lebens, die man als Mythos erkennt oder erahnt.[52]

5. Bewertung der sozialgeschichtlichen Repräsentanz der BUDDENBROOKS

Nicht die Entwicklung des Bürgertums in der historisch-politisch-wirtschaftlichen Geschichte oder der Gehalt eines ganzen Jahrhunderts - was immer das sein mag - werden von den BUDDENBROOKS in einer literarischen Form paradigmatisch vorgestellt aber es ist auch nicht so, wie man mit Zeller oder Kuczynski meinen könnte, daß in den BUDDENBROOKS der sozialhistorische Rahmen verfehlt oder gar der „Roman einer untypischen Familie" sei.[53] Interpretationen soziologischen und sozialgeschichtlichen Inhalts ergeben sich auf der Grundlage der BUDDENBROOKS sehr wohl. Sie zielen nur in eine andere Richtung, als man bisher mit sozialhistorischer Zielrichtung anpeilte, nämlich auf den soziologischen Bereich des familiaren Innenraums.

Diesen soziologischen Raum allerdings stellen die BUDDENBROOKS zutreffend dar. Der Roman bietet gewissermaßen eine Umsetzung soziologischer Begriffe in anschauliche Szenen, lebendige Figuren und Handlungsabläufe. Die soziologische Repräsentanz des literarischen Textes betrifft einerseits die sachliche Dimension des Innenraums der Familie, andererseits verfolgt der Roman gleichfalls das perspektivische Raster, das sich aus der Sachdimension der Repräsentanz ergibt. Dieser doppelsichtigen Repräsentanz kommen bestimmte literarische Erzähltechniken entgegen. Bei einem Leben im Innenraum der Familie bestehen die Objekte der Beobachtung für den einzelnen im wesentlichen in den nahen Verwandten und sich selbst. Wenn aber die Personen des unmittelbaren Umgangs die gesamte Kapazität der Aufmerksamkeit in Anspruch nehmen, dann kann in dieser von der gesellschaftlichen Entwicklung abgenabelten Welt eine Progression nur in der Psyche und in der Biologie der Personen erfaßt werden. Zu diesem perspektivischen Muster sind die allenthalben konstatierten

Anzeichen der Buddenbrookschen Dekadenz zuzuordnen, nämlich auf dem psychologischen Gebiet die wachsende Sensibilisierung und Differenzierung in der Linie Konsul, Thomas, Hanno Buddenbrook, auf dem biologischen Sektor die wachsende Erschöpfung des Thomas Buddenbrook, die nervösen Leiden Christians, die offensichtlichen körperlichen Schwächen und Krankheiten Klaras, Gerdas und Hanno Buddenbrooks, sowie die ständig kürzer werdende Lebensdauer der männlichen Buddenbrooks.

Das Dominieren der biologischen Perspektive verwandelt bei einer Übertragung auf sozialgeschichtliche Vorgänge die gesellschaftliche Wirklichkeit in eine Analogie zum Organismus und entwirft dann folgerichtig das Bild eines ewigen Werdens und Vergehens, des Kreislaufs der gleichbleibenden Substanzen.

Thomas Mann und die „Buddenbroooks" als Repräsentanten einer Sozialperspektive

1. Schopenhauer als Repräsentant einer Sozialperspektive im Bildungsbürgertum

Die sozialgeschichtliche Repräsentanz der BUDDENBROOKS liegt in der adäquaten Nachzeichnung der typischen Lebenssituationen und perspektivischen Konstanten der bürgerlichen Familie. Mit dieser Feststellung ist freilich noch nicht erklärt, warum Thomas Mann die Darstellung einer bürgerlichen Familie in die Form einer Verfallsgeschichte gekleidet hat, denn denkbar ist auch, wie Beispiele aus der damaligen Zeit zeigen, daß ein Autor die Geschichte einer aufsteigenden Familie gestaltete. War es also ein spezieller persönlicher Geschmack des Autors, der die Fabel des Verfalls erfand? Oder reagierte Thomas Mann auf bestimmte Bewußtseinsströmungen, die in der Gesellschaft umliefen?

Die sozialgeschichtlichen Exkurse haben zwischen der Gesellschaftsauffassung des familiaren Innenraums und derjenigen des Bildungsbürgertums eine Reihe von Übereinstimmungen ergeben. Diese Ähnlichkeiten berechtigen dazu, einen Vergleich zwischen der dominanten Perspektive des literarischen Textes und einer speziellen bildungsbürgerlichen „Sozial"-Perspektive anzustellen. Diese von vielen geteilte Bewußtseinsströmung, eben die „Sozialperspektive", wird zunächst anhand eines Repräsentanten vorgestellt, und zwar durch Arthur Schopenhauer.[1]

Schopenhauer (1788-1860) kann deshalb als Repräsentant einer bildungsbürgerlichen Sozialperspektive gelten, weil sich einmal in seiner Gedankenwelt Bewußtseinsinhalte eines Teils des Bildungsbürgertums spiegeln, und weil zum anderen der Zugang zu seiner Philosophie nicht durch eine extrem ausgebildete Fachsprache verstellt wurde.

„Auch der allgemein philosophisch Interessierte, aber nicht auf Philosophie Spezialisierte kann ihn verstehen und von ihm entzündet werden. Zweifellos sind viele zu Schopenhauer vor allem deshalb gekommen, weil sie bei ihm und nur bei ihm überhaupt in philosophischer Luft atmen konnten, weil er ihnen das Philosophische in für sie assimilierter Form darreichte."[2]

Von Schopenhauer gilt, daß „so wenig" er in der zweiten Hälfte des neunzehnten Jahrhunderts

„von der offiziellen Philosophie rezipiert wird, so sehr erobert er sich einen Teil der höheren Bildungswelt."[3]

Schopenhauer gilt als „Modephilosoph" „für Jahrzente"[4] in der Welt der Gebildeten, wobei man schon zu Zeiten Thomas Manns das Zusammenspiel zwischen der Ideenwelt des Philosophen und seiner eingängigen Darstellungs- und Ausdrucksweise erkannte.[5]

2. Weltbild Schopenhauers und „Fin-de-siécle-Stimmung"

Schopenhauers Gedankenwelt repräsentierte die Sozialperspektive nicht in der gleichsam mathematischen Exaktheit eines philosophischen Systems, sondern dadurch, daß er den Haltungen und Stimmungen eines Teils des Bürgertums in einer gefühlsverwandten Weise Ausdruck verlieh. In Schopenhauers Gedanken fanden diejenigen Teile des Bildungsbürgertums einen Ausdruck ihrer Verzichtstimmung, ihrer Enttäuschung und ihrer Resignation, die sie seit der durch die Restauration erfolgten Brechung der freiheitlichen und nationalen Sehnsüchte und Pläne aus der Zeit der napoleonischen Kriege beherrschten.[6] Ein Teil des Bürgertums, das wirtschaftlich und technisch tätige, konnte im Zuge der Industrialisierung die Resignation der Biedermeierzeit überwinden, aber derjenige Teil des von Politik und Geschäft abgenabelten Bildungsbürgertums, der sich im Laufe des Jahrhunderts nicht mit einem kleindeutschen Nationalismus identifizieren oder einen wirtschaftlich-technischen Fortschrittsglauben akzeptieren konnte, bewahrte eine resignative Haltung gegenüber Politik und Gesellschaft.

In diesen Kreisen entwickelte sich eine spezifische „fin de siécle-Stimmung", die Horkheimer wie folgt charakterisiert, wobei er den Zusammenhang mit der Schopenhauerschen Gedankenwelt stets im Sinn behält:[7]

„Die pessimistische Philosophie wurde zur Rationalisierung des beunruhigenden Zustandes in der Wirklichkeit. Sie half dazu, das Ausbleiben der vom technischen Fortschritt erwarteten Erleichterungen aufs Wesen der Welt zu schieben, anstatt das heraufziehende Unheil aus einer Verfassung der Gesellschaft herzuleiten, in der die Technik den Menschen über den Kopf gewachsen ist. Philosophischer Quietismus und fin de siécle-Stimmung passen gut zueinander."

Diese resignierte Weltschmerz- und Endzeitstimmung beruht auf einem Geschichts- und Weltbild, das sich ebenfalls wieder mit Schopenhauers Metaphysik umschreiben läßt, wie die zusammenfassenden Charakterisierungen seines Gedankengebäudes zeigen:[8]

„Geschichte ist nach Schopenhauer nur ein Wissen, keine Wissenschaft. Sie kann lediglich Individuelles und Besonderes erfassen; zum Allgemeinen dringt sie nicht vor. Die Geschichte zeigt nach Schopenhauer weder einen Anfang, noch ein Ende, weder eine Richtung, noch ein Ziel und auch keine besondere Gesetzmäßigkeit. Sie ist nichts anderes als das Leben und spiegelt nichts anderes wider als menschliche Schicksale, menschliche Leidenschaften. Darum unterscheidet sich die Geschichte eines Dorfes grundsätzlich nicht von der Geschichte eines Reiches. ‚Die Kapitel der Völkergeschichte sind im Grunde nur durch die Namen und Jahreszahlen verschieden, der eigentliche wesentliche Gehalt ist überall derselbe.'"

In der Geschichte treten die Leidenschaften und Triebe der Menschen zu einem Kampf ums Dasein gegeneinander an, der aber nicht etwa darwinisch eine Höherentwicklung bewirkt, sondern allenfalls einen ewigen Kreislauf der geschichtlichen Erscheinungsformen des immer gleichen Wesens der Welt, des ‚Willens'. Gesellschaftliche Betätigung wird „auf eine rein zoologische Stufe reduziert"[9], psychische Faktoren menschlichen Zusammenlebens werden nicht auf gesellschaftliche Strukturen zurückgeführt, sondern als „Naturzustand", als „ewige Wesenszüge" begriffen.[10] Als ein Detail der Schopenhauerschen Geschichts- und Gesellschaftsauffassung sei vermerkt, daß er demokratischen und gesellschaftsverändernden Bewegungen ablehnend gegenübersteht und im vierten Stand nur verachtungsvoll die ‚Canaille' erblickt.[11]

Da ein Fortschritt aus dem Lauf der Geschichte nicht gegeben ist, vielmehr die Geschichte einen irrationalen Verlauf nimmt entsprechend dem wahrhaft Seienden, dem unbewußten, blinden Weltwillen, ist eine pessimistische Grundhaltung gegenüber der Welt angebracht. Der Weise entzieht sich dem ziellos Geschäftigen der Welt und durchstößt die Scheinhaftigkeit der Geschichte vermittels einer interesselosen Anschauung. In einer solchen, vor dem vom Künstler geübten Kontemplation kann intuitiv das Wesen der Dinge erschaut werden, das Schopenhauer in platonisch urtypischen Ideen erkennt. Die Interesselosigkeit des Weltweisen hat für die Haltung zu gesellschaftlichen und politischen Fragen einen Quietismus zur Folge.

Schopenhauers Gesellschaftslehre entspricht einem „metaphysischen Bedürfnis" (Landmann) seiner Leser, die weder einem vulgärem Fortschrittsoptimismus folgen können noch beim Christentum das im 19. Jahrhundert unter der erstmals einsetzenden wissenschaftlichen Überprüfung an Überzeugungskraft verliert, ihre geistliche Heimat finden. Obwohl Schopenhauer die christliche Religion ablehnt, „läßt er der christlichen Ethik volle Gerechtigkeit widerfahren, sofern sie negativ den Unwert dieses irdischen Daseins betont, und sofern sie asketisch-, altruistisch' ist"[12], d. h. auf Enthaltsamkeit und Abkehr von der Welt baut und Mitleid predigt. Damit hat der Frankfurter Philosoph auf die „sogenannten ‚katholischen' Seiten des Christentums"[13] hingewiesen.

3. Übereinstimmungen und Berührungspunkte zwischen Schopenhauerschen Ansichten und den BUDDENBROOKS, Schopenhauer und Thomas Mann

Sucht man nach den Entsprechungen zwischen Thomas Mann und Schopenhauer, so ist zunächst der Erzählerstandpunkt des Literaten zu nennen. Thomas Mann hält darauf, daß er als allwissender Erzähler Geschichten erzählt, die gleichsam als immerwährende Mythen Zeitlosigkeit ausstrahlen. Damit kommt Thomas Mann einmal der Schopenhauerschen Idee der künstlerischen Kontemplation nahe, zum anderen wird eine Geschichtsauffassung deutlich, die statt dauernder Fortentwicklung nur Wiederholungen aus der sich gleichbleibenden Substanz der Geschichte erkennt.[13]

Mit dieser Übereinstimmung gelangt man schon über den Bereich allgemeiner Affinitäten hinaus. Die Wiederholungen typischer Familiensituationen in einer Weise, als bliebe bei allem Wirbel draußen in der Welt für die im Innenraum der

Familie lebenden die Zeit gleichwohl stehen, entsprechen einer bestimmten Richtung des Zeitgeistes. Die mit Schopenhauers Gedanken ausgedrückte Sozialperspektive läßt auch die gesteigerte Aufmerksamkeit Thomas Manns für die persönlichen - biologischen wie psychischen - Eigenschaften, in denen allein Bewegungen registriert werden, als Widerspiegelung einer allgemeinen Bewußtseinsströmung deutlich werden.

Sozialperspektive und Erzählerstandpunkt wirken darauf hin, daß Geschichte nicht in Entwicklungslinien nachgezeichnet wird, sondern in Ereignissen. Der Informationshorizont wird nicht durch Begriffe abgesteckt, sondern durch das Erlebnis. Die Familienereignisse wiederholen sich, ihr Inhalt bleibt, er repräsentiert sich „nur in immer anderer Verkleidung"[14]. Und der Ablauf der Dekadenz wird nicht als einmalige Entwicklung gezeigt, wie man aus der sich steigernden Dramatisierung biologischer und psychischer Vorfindlichkeiten schließen könnte, sondern der Autor spielt auf den „ewigen Kreislauf des Unheils"[15] an.

Die Stimmung der Dekadenz und die Anzeichen des Verfalls werden in den BUDDENBROOKS am eindringlichsten von Thomas Buddenbrook vorgestellt. Seine Zweifel, seine innerlich hohle „Haltungsmoral"[16] und seine körperliche Erschöpfung lassen sich mit Urteilen umschreiben, die mit Hinsicht auf Schopenhauer Haltungen um die Jahrhundertwende beschreiben:[17]

„Unsere Zeit krankt an ihrer Unruhe und Hast, ein Nachlassen der Vitalität, eine große Ermüdbarkeit sind die Symptome ihrer Krankheit; lebensfeindliche Lehren finden, wenn auch schon seltener, sogar in der Jugend Anklang und Zustimmung.

Diese zeitgenössischen Gedanken von Alois Riehl ergänzt Horkheimer:[18]

„Vielmehr bedingt das ernüchterte Leben, bei allem Druck zur Karriere, das umfassende Gefühl der Sinnlosigkeit, in dem der falsche Glaube wohl gedeiht."

Schließlich sei noch auf eine zwar nicht allzu gewichtige, aber den Vergleich zwischen einer anhand von Schopenhauerschen Ideen dargestellten Sozialperspektive und der dominierenden Blickrichtung der BUDDENBROOKS gewissermaßen abrundende Detailaffinität zwischen Schopenhauer und einer Neigung des Thomas Buddenbrook hingewiesen: Auch Thomas Buddenbrook, der Bürger der protestantischen Handelsstadt, empfindet eine scheue Neigung zum Katholizismus, die sich praktisch in einer mehrfachen Bevorzugung der katholischen gegenüber der evangelischen Schwesternvereinigung der Hansestadt auswirkt.[18a]

Die Beziehung zwischen den BUDDENBROOKS und der Schopenhauerschen Gedankenwelt braucht nicht allein auf einer abstrakten Ebene der Ideengeschichte erläutert werden. Thomas Mann selbst hat auf Schopenhauer als eine wesentliche perspektivische Quelle der BUDDENBROOKS hingewiesen. In seinen BETRACHTUNGEN EINES UNPOLITISCHEN schreibt er:[19]

„Späte, ja verspätete Bürgerlichkeit machte mich zum Verfallsanalytiker; und jene ‚ethische Luft', der moralische Pessimismus (mit Musik), den ich von Schopenhauer und Wagner empfangen zu haben angab, er war es vielmehr, was ich bei diesen europäischen Deutschen als mein Selbst und Eigen vorfand, was mich von vornherein zu ihnen zog und führte."

Dabei ging es dem jungen Thomas Mann nicht um einen exakten Nachvollzug der einzelnen Schopenhauerschen Gedankengänge, sondern er fand in den Gedanken des Philosophen allenthalben seine eigene Stimmungslage gespiegelt:[20]

„Das Wort ‚Erkenntnisekel' steht im Tonio Kröger. Es bezeichnet recht eigentlich die Krankheit meiner Jugend, die, so glaube ich mich zu erinnern, meiner Empfänglichkeit für die Philosophie Schopenhauers, die mir erst nach einiger Bekanntschaft mit Nietzsche entgegentrat, nicht wenig Vorschub leistete. Ein s e e l i s c h e s Erlebnis ersten Ranges und unvergeßlicher Art, - während dasjenige Nietzsche's eher ein geistig-künstlerisches an sich hatte. [...] die Brockhausausgabe [der Schopenhauerschen Werke] war ein Okkasionskauf beim Buchhändler gewesen, geschehen mehr um des Besitzes als um des Studiums willen, und Jahr und Tag hatte die Bände unaufgeschnitten das Bord gehütet. Aber die Stunde kam, die mich lesen ließ, und so las ich denn, Tage und Nächte lang, wie man wohl nur einmal liest. An meiner Erfülltheit, meiner Hingerissenheit hatte die Genugtuung über die machtvolle sittlich-geistige Verneinung und Verurteilung der Welt und des Lebens in einem Gedankensystem, dessen symphonische Musikalität mich im tiefsten ansprach, einen bezeichnenden Anteil. Ihr Wesentliches aber war ein metaphysischer Rausch [...] Nicht um ‚Weisheit', um die Heilslehre der Willensumkehr, dies buddhistisch-asketische Anhängsel, das rein lebenspraktisch-polemisch wertete, war es mir zu tun: was es mir antat auf eine sinnlich-übersinnliche Weise, war das erotisch-einheitmystische Element dieser Philosophie [...] Es war eine glückliche Fügung, daß sich mir sogleich die Möglichkeit bot, mein überbürgerliches Erlebnis in das zu Ende gehende Bürgerbuch einzuflechten, wo es dienen mochte, Thomas Buddenbrook zum Tote zu bereiten."

Thomas Mann hat die Affinitäten, die sein Werk BUDDENBROOKS zur Schopenhauerschen Gedankenwelt prägen, umfassender gesehen, wie es die letzte Bemerkung anklingen läßt, indem sie auf das Schopenhauererlebnis des Thomas Buddenbrook anspielt. Thomas Mann selbst hat auf das an Schopenhauer hingewiesen, was er als „bürgerlich" bezeichnete, nämlich „Seine hanseatisch-kaufmännische Herkunft; seine Seßhaftigkeit [. . .]" seinen regelmäßigen Tagesablauf, seine Mäßigkeit und seine Stetigkeit in allen Dingen der Lebensführung."[21] Die Parallelitäten in der Betrachtung der Welt dürften aber noch auf andere Weise in den Lebensläufen der beiden Schriftsteller verankert sein, als Thomas Mann das annimmt. Beide Autoren zeigen nämlich darin eine sehr ähnliche Biographie, daß sie zwar ihren Lebensunterhalt zunächst aufgrund eines kaufmännischen Unternehmens gesichert fanden, daß sie selbst aber frühzeitig sich nur in dem geschützten Innenraum dieser Kaufmannsfamilien aufhielten und dann schnell Lebensweisen und Haltungen des Bildungsbürgertums annahmen.[22] Sowohl Schopenhauer als auch Thomas Mann waren von Jugend an Rentner und lebten vom hinterlassenen Vermögen des Vaters. Beide wandten sich künstlerischen Neigungen zu - Schopenhauers Philosophie wahrt einen künstlerischen Keim und, was auch Thomas Mann bemerkt hat[23], den dichterischen Stil der Argumentation. Die Bekanntschaft mit dem kaufmännischen Gewerbe, für das sie ursprünglich von ihren Vätern bestimmt waren, geschah widerwillig, war nur von kurzer Dauer und bedeutete nicht mehr als ein Hineinriechen in die Welt des Geschäfts.

Im Zusammenhang mit der Besprechung der noch vor den BUDDENBROOKS erschienen Novellensammlung „Der kleine Herr Friedemann" (1898) urteilt K. Schröter, daß „die Brüder [Mann] ihrer Heimat, ihrer ‚Gesellschaft', zumal dem ‚Geschäft' entfremdet"[24] waren. Schopenhauer hat dem ihm vom Vater vorbestimmten kaufmännischen Beruf keine Freude abgewinnen können und nach dem frühen Tod des Vaters sogleich die Gelehrten-‚Laufbahn' eingeschlagen.

Das dem Rentnertum zugrundeliegende Vermögen war von beträchtlicher Höhe, und man stammte aus den ersten kaufmännischen Kreisen von Danzig bzw. Lübeck. Es ist deshalb verständlich, daß revolutionäre Bewegungen und Unruhen als Bedrohung für das Vermögen betrachtet und daher abgelehnt wurden.

Wie ideengeschichtliche Ströme, so hat auch die Lebenslage der Autoren auf ihre perspektivische Erfassung der Welt einen großen Einfluß ausgeübt. Beide Autoren leben von Beginn an so gut wie ausschließlich im Innenraum der bürgerlichen Familie. Was Schopenhauer anlangt, so hat Horkheimer wiederholt auf die perspektivischen Auswirkungen seines Lebens als ‚Privatmann' und Rentner hingewiesen[25], und Schwarz weist die Lehre der Abkehr von den Weltgeschäften und der durchaus folgenden „Langeweile"[26] und dem „Lebensekel"[27] „der Daseinsform des großbürgerlichen Rentnertums [und] Formen [der] junkerlichen Existenz"[28] zu. Was für Schopenhauer die philosophischen Deuter erkennen, das kann der Interpret der Literatur anhand einer sozialwissenschaftlich ausgerichteten Betrachtung für Thomas Mann und sein Werk BUDDENBROOKS gleichfalls feststellen.

4. Schopenhauer, literarische Strömungen und Thomas Mann

Kann die Philosophie Schopenhauers in allgemeiner Weise als Repräsentant einer bestimmten bildungsbürgerlichen Sozialperspektive gelten, so fanden Teile ihrer Ideen in weiten Bereichen der literarischen Welt noch einen pointierteren Ausdruck und in der Umformung durch die literarische Gestaltung ein noch geeigneteres Medium, um auf die Leser der gebildeten Welt Einfluß zu nehmen. Schopenhauer und Literatur liegen dicht beieinander:[29]

„Jedesmal, wenn ich ein neuerschienenes Dichtwerk in die Hand nehme, muß ich an die halb ironische, halb unwillige Frage denken; Où est Schopenhauer? In derTat, er beherrscht noch immer die Gemüter mit seinem Geist und seiner Philosophie [. . .]"

klagt ein Kritiker im Jahre 1890. Curt Grottewitz fährt fort - und aus einigen seiner Überlegungen zur allgemeinen Lage der Literatur ersteht ein Katalog von Bestimmungen, mit denen man ohne sich zu verbiegen die BUDDENBROOKS gleichermaßen charakterisieren kann:[30]

„Jetzt ist die geschichtliche Stellung Schopenhauers vollständig begreiflich und erkenntlich. Was Byron anzustimmen versuchte, was Leopardi, die Mussets, die Heine, die Turgenjews' selbst noch Ibsen in seinem innersten Gefühlsleben beherrscht, das hat Schopenhauer in ein allseitig durchgearbeitetes, philosophisches System gebracht.

Es ist die Weltanschauung des Verzichtleistens, der Vernichtungssehnsucht, des Schmerzes."

„[...] überall tritt derselbe Grundzug hervor: Das Verzweifeln an allem, die Weltverachtung, kurzum der Pessimismus [...] wie ihn Schopenhauer am schärfsten erfasst hat, und den man deshalb auch mit Schopenhauerei bezeichnet.
Sie herrscht überall, diese Schopenhauerei, überall kann man fragen: Où est Schopenhauer?"[31]

Auch die Schriftsteller, die sich wie Zola und Ibsen um neue Methoden in der Literatur bemühen, indem sie die modernen Wissenschaften bei der Gestaltung ihrer Werke heranziehen, sind „in dieser Schopenhauerschen Weltanschauung stehen geblieben", denn sie

„sondern diejenigen Momente heraus, welche dazu geeignet sind, die Schopenhauersche Weltansicht zu befestigen. Degenerierung von Familien, Untergang infolge von Vererbung, allmähliches Verkommen im Kampf ums Dasein, das sind die beliebtesten Gegenstände der jetzigen Dichtung.[32]

Thomas Mann fügte sich in die dominante Richtung der Literatur ein. Wenn er die französischen Autoren Zola, Bourget und die Brüder Concourt las, wehte ihn die Verfallsstimmung an.[33] Ebenso ging es, wenn er zu den leichten Unterhaltungsromanen Alexander Kielland's und Jonas Lie's griff. Die beiden letzten Autoren kamen Thomas Mann dazu noch thematisch mit der Fabel des Verfalls einer Kaufmannsfamilie und mit der Umwelt einer nordischen Handelsstadt entgegen. Sowohl methodische Anregungen wie den Gebrauch des Leitmotivs konnte Thomas Mann in diesen in Reclams Billig-Ausgaben verbreiteten Unterhaltungsromanen finden wie auch manches den Verfall signalisierende Motiv und sogar eine exemplarische Verfallsfigur im Sinne des kleinen Hanno Buddenbrook.[34] Bei dieser geistigen Umgebung und den praktisch-schriftstellerischen Fingerzeigen dürfte wohl schließlich der Entschluß gereift sein, die eigenen Erfahrungen aus der Lübecker Familie sowie das, was er aus seinen literarischen Lesestunden in der Erinnerung behalten hatte, in ein Konzept der Dekadenz einzubringen.

Der enge Anschluß Thomas Manns an die literarische Szene seiner Zeit erklärt, warum der Autor seinen Erstlingsroman in eine ganz bestimmte Atmosphäre getaucht hat, warum er über alles den übergreifenden Sinngehalt des Verfalls gestülpt, warum er die Geschichte der Buddenbrooks zu seinem Thema gemacht hat und nicht diejenige der Hagenströms.

5. Thomas Mann: Biographische Entsprechungen zu den BUDDENBROOKS?

Die letzten Abschnitte zeigen, daß der soziologische Standort der Lebensposition sowie die soziologisch verwertbare Sozialperspektive ihre Wirkung auf das Individuum, den Schriftsteller Thomas Mann, nicht verfehlt haben. Dennoch wäre es falsch, auf eine mechanisch wirkende Gesetzlichkeit zwischen dem sozialen Umfeld, dem gesellschaftlichen Sein des Autors und seinem schriftstellerischen Bewußtsein zu schließen. Der gesellschaftliche Erfahrungsbereich nämlich, der auf Thomas Mann eindrang, war durchaus nicht so einsinnig, wie die bisherigen Hinweise es nahelegten.

Das Konzept der Dekadenz erforderte also auch eine eigene Entscheidung. Thomas Mann hätte auch, wie man gleich erkennen wird, eine andere Geschichte schreiben können. Neben soziologisch determinierten Bestandteilen zeigt das schriftstellerische Konzept gleichfalls volontaristische Züge.

Die bewußte Umformung der eigenen Erfahrungen im Sinne eines konsequenten Dekadenzschemas läßt sich anhand von Beispielen aus der Mannschen Familiengeschichte verdeutlichen. So erscheint zum Beispiel in der Mannschen Familienchronik pietistisches Verhalten an der historisch richtigen Stelle, nämlich im 18. Jahrhundert.[35] In den BUDDENBROOKS hingegen wird das ungewöhnlich starke Glaubensgefühl auf den Konsul Buddenbrook übertragen, um den Beginn einer in der Generationenfolge der männlichen Buddenbrooks wachsenden Sensibilisierung, die die Arbeitskraft nach und nach lahmlegt, zu signalisieren.

Das Vorbild für die Figur des Thomas Buddenbrook, Thomas Manns Vater, war alles andere als ein von Zweifeln an seiner Identität geplagter Geschäftsmann und Lübecker Politiker.

„Er war ein gebildeter, redegewandter Mann, wenngleich er die Schulausbildung im alten Katharineum vorzeitig hatte abbrechen müssen, um als Juniorchef der Firma J. S. Mann vorzustehen. Er leitete die Firmen- und Staatsgeschäfte mit Umsicht und Tatkraft. Daß er Londoner Anzüge trug, russische Zigaretten rauchte und zu Zeiten, da die Lübecker die schöne Literatur in Emanuel Geibel leibhaftig unter sich vertreten sahen, französische Romane las, bewies seinen Geschmack."[36]

In gleicher Weise berichtet Thomas Mann aus der ‚gehegten und glücklichen Kindheit'[37] über seinen Vater, wenngleich nicht ganz zu übersehen ist, daß in der Rückschau nach dreieinhalb Jahrzehnten schon etwas Thomas Buddenbrook in die Erinnerung an den Vater eingeflossen ist:[38]

„Mein Vater starb an einer Blutvergiftung in verhältnismäßig jungen Jahren, als ich fünfzehn zählte. Er war dank seine Intelligenz und seiner formalen Überlegenheit in der Stadt ein höchst angesehener, populärer und einflußreicher Mann gewesen, hatte aber an dem Gang seiner Privatgeschäfte, seit Jahren schon nicht mehr viel Freude gehabt, und nach einer Beerdigung, die an Ehrenpomp und Teilnahme alles überbot, was seit langem in dieser Art gesehen worden war, liquidierte die mehr als hundertjährige Getreidefirma."

Der Grund für den verhältnismäßig schlechten Gang der Geschäfte war die wachsende Konkurrenz der Städte Stettin, Hamburg und Kiel im Ostseehandel. Dennoch wurde Vater Thomas Johann Heinrich Mann nicht durch Skrupel die Leistungsfähigkeit untergraben. Er bekleidete unter den vierzehn Senatorenämtern das wichtigste, das des Steuersenators, seine Stimme galt etwas in der Stadt und er besaß „das weitläufige Heim, in dessen parkettiertem Ballsaal die Offiziere der Garnison den Töchtern des Patriziats den Hof"[39] machten. Thomas Johann Heinrich Mann war in der Tat ein gewandter Weltmann, nicht nur dessen schauspielerische Repräsentation. Die Liquidation der Geschäfte für den Fall eines Todes verfügte er nicht aus dekadenter Resignation, sondern weil er nüchtern sah, daß die Söhne ihre Interessen anderen Gebieten als dem Handel zugewandt hatten. Deshalb hatte er die Vermögensverhältnisse ausreichend und dergestalt geordnet, daß jeder der Nachkommen eine immerhin auskömmliche Rente beziehen konnte.[40] Das Vorbild für Gerda Buddenbrook, Thomas Manns Mutter Julia da Silva Bruhns, hat der Dichter keineswegs als Ferment des Familienverfalls in Erinnerung. Vielmehr beschreibt er die Mutter mit warmherzigen Worten und vermutet, daß er von ihr die „Lust zum fabulieren"[41] habe.

Zu den Vorstudien der BUDDENBROOKS hatte Thomas Mann sich von seinem Onkel, dem Lübecker Kaufmann Marty, Informationen über das geschäftliche Leben in der Hansestadt sowie über ihre politische und wirtschaftliche Geschichte erbeten. Auch dieser Bericht gibt keinen Anlaß, in irgend einer Weise ein altehrwürdiges hanseatisches Bürgertum am Verfall zu sehen.[42]

Schließlich bewegte sich Thomas Manns eigenes, ganz persönliches Lebensverständnis nicht in Richtung auf einen Verfall. Im Gegenteil, er genoß die ‚bürgerlichen' Folgen des Erfolgs seiner BUDDENBROOKS:[43]

„Der erstaunliche Siegeszug des Familienromans konnte nicht verfehlen, ändernd auf meine Lebensumstände einzuwirken. Ich war nicht mehr der völlig im Dunkel lebende junge Mensch von einst. Das, was ich in meinen italienischen und schwabinger Verstecken ‚abzuwarten' gehabt hatte, war nun - ich will nicht sagen erreicht aber eingetreten. Es bedeutete nun nicht länger Verlegenheit, über meine Existenz Auskunft geben zu müssen, es erübrigte sich, eine zu geben, sie stand im Buch: Ein Münchner Fremdenführer und Nachschlagewerk vom Typus ‚Who is who?' verzeichnete meine Adresse als diejenige des Verfassers von ‚Buddenbrooks'. Ich war bewiesen, meine dumpfe Widersetzlichkeit gegen alle regulären Ansprüche der Welt war gerechtfertigt, die Gesellschaft nahm mich auf - soweit ich mich aufnehmen ließ; die Gesellschaft ist in diesen Bestrebungen nie sehr erfolgreich gewesen. Immerhin begann ich in ein paar Münchener Salons von literarisch-künstlerischer Atmosphäre zu verkehren [. . .]"

Verfallsstimmung also ist besonderes schriftstellerisches Konzept. Zunächst hatte Thomas Mann nämlich versucht, die Rezeption des Romans in eine andere Bahn zu lenken, indem er seinem Freund und Kritiker Otto Grautoff exakte Anweisungen für die Abfassung einer Besprechung der BUDDENBROOKS übermittelte und unter anderem darum bat:[44]

„Tadle ein wenig (wenn es Dir recht ist) die Hoffnungslosigkeit und Melancholie des Ausganges. Eine gewisse nihilistische Neigung sei bei dem Verfasser manchmal zu spüren. Aber das Positive und Starke an ihm sei sein Humor."

Thomas Mann, der in demselben Brief um kritische Schützenhilfe für einen Schriftstellerfreund bittet, wußte sehr genau, daß Besprechungen dem Erfolg eines Buches schaden oder ihm nützen können. Als die literarische Kritik immer eindeutiger in den BUDDENBROOKS den Verfall des Bürgertums wahrnimmt, erklärt auch Thomas Mann seinen Roman in diesem Sinne als „Seelengeschichte des europäischen Bürgertums" und sieht die BUDDENBROOKS als Symbol für den Verfall deutschen Bürgertums überhaupt:[45]

„[. . .] ‚Buddenbrooks', diese Geschichte der Veredelung, Sublimierung und Entartung eines deutschen Bürgerstammes, dies zweifellos sehr deutsche Buch, welches aber ebenso unzweifelhaft auch ein Merkmal nationalen Gesundheitsabstieges ist [. . .]"

Mit seinen Äußerungen stärkte Thomas Mann nun seinerseits das Gewicht der Verfallsdeutungen, denn spätere Interpreten zogen die Mannschen Selbstdeutungen zur Erhellung der BUDDENBROOKS heran.

Zur Erklärung der Hanno-Episoden in den BUDDENBROOKS hat Thomas Mann in seinen BETRACHTUNGEN EINES UNPOLITISCHEN die Sehweise Hannos erheblich relativiert:[46]

„Die anderen, das ist offenbar, fühlen sich im Leben, wie es ist, ja recht wohl in ihrem Element, - wie Hanno's Kameraden in der Schule. Er, durch dessen Erlebnis die Schule erscheint, und zwar als skurril, quälend, stumpfsinnig, abscheulich ist im Grunde weit entfernt, sein Erlebnis und Empfindungsurteil für allgemein gültig und maßgebend zu halten; denn er kennt sich als reizbaren Ausnahmefall."

Ist von dieser Erklärung aus nicht überhaupt die perspektische Einstellung des Verfalls als Perspektive zu entlarven, nicht als schier getreue Abbildung der Wirklichkeit zu nehmen?

In den BUDDENBROOKS findet sich ein Zusammenspiel zwischen der Sozialperspektive des familiaren Innenraums wie derjenigen eines Teils des Bildungsbürgertums und der bewußten Anwendung dieser Perspektive in der Befolgung einer literarischen Mode. Im Kreisel von Interpretation und Selbstinterpretation durch den Autor hat sich die Deutung der Wirklichkeit als Verfall erhalten. In diesen Interpretationen geht es mehr um das Vorführen der literarisch-immanenten Begrifflichkeiten als um ein adäquates Verständnis von Wirklichkeit. So fällt gar nicht mehr auf, daß die perspektivische Einfärbung als Wirklichkeit selbst erachtet - und mißverstanden - wird und die doch vorhandenen gegenläufigen Informationen des Romans unterdrückt werden. Es wird gar nicht gesehen, daß das eigentliche Thema die gesellschaftliche Grundlage der Perspektive des Verfalls ist: der Innenraum der bürgerlichen Familie. Und natürlich wird dann auch nicht gesehen, daß man diesen soziologischen Raum in der Betrachtung trennen muß von der außerhalb seiner ablaufenden wirtschaftlichen Betätigung und Entwicklung.

VI. Zusammenfassung

Die vorangegangene Analyse, die sowohl immanente Interpretationen als auch sozialgeschichtliche, soziologische und „sozialperspektivische" Erkenntnisse konsequent in die Deutung des literarischen Textes eingebracht hat, ergibt, daß die BUDDENBROOKS unter makrosoziologischem Gesichtspunkt die Strukturen einer Sozialperspektive, und zwar die eines Teils des Bürgertums, repräsentiert. Die sozialperspektivische Repräsentanz trifft sich mit einer sozialgeschichtlichen, nämlich im mikro-soziologischen Bereich des Innenraums einer bürgerlichen Familie. Die hier entwickelte Weltsicht wird in der Perspektive des Romans gespiegelt, und die geschilderten Begebenheiten können als eindringliche Fallstudien zu den repräsentierten Gesellschaftssektoren angesehen werden.
Auch eine immanente Kritik hat mit Beobachtungen zur Erzählhaltung, zum Inhalt und zu stilistischen Mitteln Momente einer Darstellung des familiaren Innenraums beschrieben, ohne aber derer sozialgeschichtliche Fixierung zu erkennen. Die vorliegende Arbeit gliedert die Ergebnisse immanenter Literaturbetrachtung in ihre durch sozialgeschichtliche Kategorien abgesteckten Untersuchungshorizont ein.
Die Studie hat geklärt, daß die eingangs geäußerten Zweifel an einer umfassenden Repräsentanz der BUDDENBROOKS für die Sozialgeschichte des Bürgertums berechtigt sind. Es wurde gezeigt, daß der Inhalt dieser allgemeinen und umfassend verstandenen Repräsentanz, das Sinnbild des Verfalls, aufgrund einer Übertragung zustandekommt, durch die der Geltungsbereich eines unter spezifischen sozialgeschichtlichen Bedingungen gebildeten Denkmuster auf Sektoren des gesellschaftlichen Lebens ausgedehnt wird, die in der Darstellung des Romans gar nicht in der angemessenen Weise wiedergegeben sind, nämlich bürgerliche Aktivitäten auf technisch-innovatorischem Gebiet, sowie die Leistung und Ausführung wirtschaftlicher Organisation und schließlich wirtschaftspolitisches Handeln. Damit ist auch entschieden, daß der mit Hinweisen auf kaufmännische Praktiken behauptete, sozialgeschichtlich relevante Gegensatz zwischen den Buddenbrooks

und den Hagenströms qualitativ unbedeutend ist. Deshalb kann mit den BUDDENBROOKS auch nicht der Verfall eines patrizischen Bürgertums gegenüber imperialistischen, ‚bourgeoisen' Emporkömmlingen repräsentiert werden.

Der Doppelcharakter der Repräsentanz der BUDDENBROOKS, nämlich die Bespiegelung einer Strömung des ‚Zeitgeistes' und die Darstellung des in den Zeitläufen sich etwas stabiler haltenden Innenraums der Familie - diese doppelte Repräsentanz durchbricht einerseits die perspektivische Bindung an nur eine Gesellschaftsschicht, andererseits ermöglicht sie eine Identifikation von Lesern bzw. Leserinnen mit dem Romangeschehen weit über den Zeitpunkt des Erscheinens des Romans oder einer bestimmten ‚Zeitstimmung' hinaus. Diese mehrwertigen Voraussetzungen der Rezeption erklären den anhaltenden Erfolg der Mannschen Bücher und vornehmlich den der BUDDENBROOKS.

VII. Anmerkungen
I.

1 Eine erste Fassung der Untersuchung erschien 1976 unter dem Titel „Perspektive und Weltbild in Thomas Manns ‚Buddenbrooks'" in: *M. Brauneck (Hg.), Der deutsche Roman im 20. Jahrhundert,* Bd. 1, Bamberg 1976, S.82-106.
2 So in Kurzform schon früh bei A. *Soergek* Dichtung und Dichter in der Zeit (1911), 6. Abdruck Leipzig 1919, S. 804: „Die Familiengeschichte von vier Generationen, die Geschichte ihres allmählichen äußeren und inneren Verfalls, das ist der Inhalt der ‚Buddenbrooks'." Vgl. auch *W. Rehm,* Geschichte des deutschen Romans II, Berlin/Leipzig 1927 (Sammlung Göschen 956) S. 37. Mit nur geringen Variationen liegt dieses Interpretationsmuster allen Deutungen der BUDDENBROOKS zugrunde. Nur *H. Koopmann,* Thomas Mann. Leben und Werk, Göttingen 1975, versucht in jüngster Zeit, als das „eigentliche Thema" der BUDDENBROOKS das Verhältnis der Väter zu ihren Söhnen zu propagieren. Der Versuch, der das Erlebnis Thomas Manns vom Tode seines Vaters zum Ausgangspunkt der Deutungen nimmt, überzeugt in Bezug auf die Vielschichtigkeit der BUDDENBROOKS nicht (vgl. S. 14-21).
3 Vgl. *H. Meyer,* Thomas Mann. Werk und Entwicklung, Berlin (DDR) 1950, S. 37; *E. Heller,* Thomas Mann: Buddenbrooks (1959), in: *J. Schillemeit (Hg.),* Deutsche Romane von Grimmelshausen bis Musil, Frankfurt/M. 1966 u. ö. (Interpretationen III, Fischer Taschenbuch 6022) S. 230-268, hier S. 237; *H. Koopmann,* Die Entwicklung des ‚intellektualen Romans' bei Thomas Mann, Bonn 1962 (Bonner Arbeiten zur deutschen Literatur 5), S. 111, S. 128 f.; *E. Lämmen,* Thomas Mann - Buddenbrooks, in: *B. v. Wiese (Hg.),* Der deutsche Roman. Vom Barock bis zur Gegenwart, Bd. 2, Düsseldorf 1962, S. 190-233, hier S. 213.
4 Vgl. *E. Hitscher,* Thomas Mann. Leben und Werk, Berlin (DDR) 1966 (Schriftsteller der Gegenwart 15) S. 17.
5 Vgl. a.a.O., S. 22.
6 *G. Lukács,* Thomas Mann, Berlin (DDR) 1957, S. 18.
7 A.a.O., S. 142 f. So wie Lukács schreiben einmal der mehr immanent interpretierende *E. Heller,* a.a.O., S. 238 f., der gar betont, daß die Hagenströms „skrupellose Parvenüs der Bourgeoisie und Briganten der Produktenbörse" sind (239) [!], und *H. Galas,* die in eindeutiger Lukács-Nachfrage im Rahmen eines Vergleichs der Personendarstellung in den BUDDENBROOKS und in Willi Bredels Roman „Maschinenfabrik N. & K." definiert: Proletarische Literatur und bürgerliche Rezipienten, in: alternative 90 (Juni 1973), S. 138-147, hier vgl. S. 142 f. Ohne daß grundsätzlich andere gesellschaftliche Bezüge des Romans aufgezeigt werden, gibt es abweichende und vorsichtigere Deutungen des Verhältnisses Buddenbrook-Hagenström, so bei *M. Havenstein,* Thomas Mann. Der Dichter und Schriftsteller, Berlin 1927, vgl. S. 125; auch *E. Hilscher'* Thomas Mann ..., a.a.O.' S. 14, meint zu einem ‚Gegensatz' Buddenbrook-Hagenström' daß dieser „nicht zu einem handlungstragenden Konflikt zugespitzt" wird, seine Erwähnungen „ganz episodisch (bleiben)"; mit dem Hinweis auf den Richter und Schöngeist Moritz Hagenström vermutet *H. Mayer,* a.a.O., S. 27 f.' auch Verfallssymptome hinter der Fassade der Hagenströmschen Familie sowie schon bei den frühen Buddenbrooks eine

„innerlich . . ., feuchte Stelle'" (27); *H. Lehnen,* Die Künstler-Bürger-Brüder. Doppelorientierung in den frühen Werken Heinrich und Thomas Manns, in: *P. Pütz (Hg.),* Thomas Mann und die Tradition, Frankfurt/M. 1971 (Athenäum Paperbacks Germanistik 2), S. 14-51, hier vgl. S. 28, spricht von der „Anbetung der Größe der Firma" und sieht statt eines Gegensatzes Buddenbrook-Hagenström den Zwiespalt Firma-Liebe als entscheidend für den Niedergang des Buddenbrookschen Hauses (!).

8   *Lukács,* a.a.O., S. 142.
9   *H. Koopmann,* Die Entwicklung des ‚intellektualen Romans' ..., a.a.O., S. 120.
10 A.a.O., S. 121.
10a *U. Ebel* Welthaftigkeit als Welthaltigkeit. Zum Verhältnis von mimetischem und poetischem Anspruch in Thomas Manns ‚Buddenbrooks', in: *R. Wiecker (Hg.)* Gedenkschrift für Thomas Mann 1875-1975, Kopenhagen 1975, S.9-51, Begriff S.9.
11 *Th. Mann,* Lübeck als geistige Lebensform (1926), in: *Th. Mann,* Das essayistische Werk, hg. *H. Bürgin,* Bd. 7: Autobiographisches, Frankfurt/M. 1968 (Fischer-Taschenbuch - Moderne Klassiker 119), S. 177-194, Zitat S. 183.
12 Vgl. die Anfänge der Ausbildung einer Haltung des Repräsentanten in *Th. Mann,* Ein Nachwort (1905), in: *ders.,* Das essayistische Werk, a.a.O., S. 10-13; *Th. Mann,* Bilse und ich (1906), in: a.a.O., S. 13-23.
13 *Th. Mann,* Zu einem Kapitel aus ‚Buddenbrooks' (1949), in: *ders.,* Das essayistische Werk, a.a.O., Bd. 8: Miszellen (MK 120), S. 208-211, Zitat S. 208 f.
14 ARD 08.06.1975, 21.45-22.30 Uhr.
15 *W. Wiltschegg,* Stirbt der Unternehmer?, Wien/Düsseldorf 1964, S. 181.
16 So zeigt z. B. der offizielle Festbericht des Deutschen Handelstages von der feierlichen Tagung zum fünfzigjährigen Bestehen der Vereinigung im Jahre 1911 ausschließlich eine freundliche bis enthusiastische Festtagsatmosphäre, vgl. *Deutscher Industrie- und Handeistag (Hg.)* Der Deutsche Industrie- und Handelstag in seinen ersten hundert Jahren, Bonn 1962, S. 38-42.
17 Vgl. *W. v. Siemens,* Lebenserinnerungen, zuerst Berlin 1892. Das Buch war äußerst populär und erlebte bis 1922 zwölf Auflagen. Es erschien außerdem noch in Reclams Universalbibliothek.
18 *H. Grau,* Die Darstellung gesellschaftlicher Wirklichkeit im Frühwerk Thomas Manns, diss. Freiburg (hektographiert) 1971, S. 303.
19 A.a.O., S. 300.
20 A.a.O., S. 300 f.
21 *J. Kuczynski,* Thomas Mann. Zwei Studien über die gesellschaftliche Entwicklung eines Humanisten des deutschen Bürgertums. A. Die Wahrheit, das Typische und die ‚Buddenbrooks', in: *ders.,* Zur westdeutschen Historiographie. Schöne Literatur und Gesellschaft im 20. Jahrhundert und andere Studien, Berlin (DDR) 1966 *(ders.,* Die Geschichte der Lage der Arbeiter unter dem Kapitalismus 1, 17), S. 78-102. (Weitere Druckorte s. *H. Matter (Bearb.),* Die Literatur über Thomas Mann, Berlin/Weimar 1972, Bd. 1, Nr. 5067, 5669). Kuczynski verfährt im Ansatz ähnlich wie dieser Aufsatz. Er vergleicht die Inhalte des literarischen Textes mit der Sozialgeschichte des Wirtschaftsbürgertums und gelangt sowohl im Grundsätzlichen als auch in den Details, dabei einige literaturwissenschaftliche Ansichten korrigierend, zu den auch hier vertretenen Einschätzungen. Da die Übereinstimmungen allzu häufig sind, genügt ein pauschaler Hinweis an dieser Stelle. Die Grenzen der Arbeit *Kuczynskis* liegen in ihrer Beschränkung auf die Sozialgeschichte des

Wirtschaftsbürgertums. Die Vergleichsbereiche der bürgerlichen Familie und der Sozialperspektive werden nicht beachtet, der Entstehung eines Bildungsbürgertums wird nicht eingehend und differenziert genug nachgegangen. Deshalb ist dann das abschließende Gesamturteil falsch: „Es ist darum ein aussichtsloses Unternehmen, die ‚Buddenbrooks' zu einem Roman erheben zu wollen, der die Geschichte der deutschen Bourgeoisie oder auch nur einer ihrer Schichten während des 19. Jahrhunderts erzählt. Die ‚Buddenbrooks' sind der Roman einer untypischen Familie." Daß den BUDDENBROOKS in der Tat eine Repräsentanz zukommt, wird sich im folgenden erweisen.

22 *M. Zeller*, Bürger oder Bourgeois? Eine literatursoziologische Studie zu Thomas Manns ‚Buddenbrooks' und Heinrich Manns ‚Im Schlaraffenland', Stuttgart 1976 (Literaturwissenschaft - Gesellschaftswissenschaft 18). (Ein erster Abdruck erschien als *Zeller*, Bürger oder Bourgeois) Eine literatursoziologische Studie zu Thomas Manns ‚Buddenbrooks', in: aus politik und zeitgeschichte, Beilage zu DAS PARLAMENT 22/76 (31. Mai), S. 11-23). *F. Kaut*, Die ‚Buddenbrooks' als Gesellschaftsroman, in: Der Deutschunterricht 11 (1959), H. 4, S. 88-103, ist entgegen den Erwartungen, die der Titel erweckt, eine immanente Interpretation. Interdisziplinäres Vorgehen ist dagegen das explizite Ziel bei *F. Behnsen u.a.*, Deutsches Bürgertum in der Literatur, am Beispiel Heinrich und Thomas Mann, in: *Hölsken/Sauer/Schnell (Hg.)*, Sprache, Literatur und Kommunikation. Kursmodelle für das Fach Deutsch in der Sekundarstufe II, Leistungskurse, Stuttgart 1974 (Zur Praxis des Deutschunterrichts 1), S. 108-134, hier S. 108-119. Die Verfasser schlagen zur Interpretation der literarischen Texte soziologische Werke vor. Die Ausführung des Vergleichs wird allerdings nur angedeutet und ist nicht exakt durchgeführt. Die Verfasser stehen in der Lukács-Nachfolge.

23 Vgl. *M. Zetler*, a.a.O., Stuttgart 1976, S. 28.

24 Vgl. a.a.O., S. 29.

25 Vgl. *G. Lukács*, a.a.O., S. 18.

26 So urteilt abschließend *Klaus-Jürgen Rothenburg*, Das Problem des Realismus bei Thomas Mann. Zur Behandlung von Wirklichkeit in den ‚Buddenbrooks', Köln/Wien 1969. Rothenburg wendet sich scharf gegen die Lukács-Schule (vgl. S. 6-8) und stellt Thomas Mann - bei Anerkennung einer realistisch-naturalistischen literarischen Beschreibung einzelner Details - in die Tradition des „humoristischen Romans" eines Sterne, Wieland und Jean Paul (vgl. S. 229). Damit ist für Rothenburg auch angedeutet, daß Thomas Mann, obwohl er weder Realist noch kompetent für die Darstellung komplexer gesellschaftlicher Zusammenhänge ist, nicht zu den weltabgewandten Träumern zu rechnen ist. Thomas Mann erhält den Status eines ironischen Kommentators.

27 Neuere Interpretationen folgen im großen noch dem alten Deutungsschema, allerdings nicht mehr so pointiert, daß sie in jedem Fall die Repräsentanz der BUDDENBROOKS für die gesamte bürgerliche Gesellschaft, ja für die Gesellschaft im ganzen behaupten.

Die Thomas-Mann-Forschung hat Informationen zusammengetragen, die einer derart einsinnigen Interpretation entgegenstehen. Bei der Vermarktung seiner literarischen Produkte war Thomas Mann selbst rechenhaftig, hartnäckig, stetig, verhandlungssicher, erfolgreich: kurz - ein traditioneller Kaufmann. Es gab Themen, zu denen er Stellung nahm, weil der Schriftstellerberuf es erforderte, nicht weil er sich besonders wissend, geschweige denn als Fachmann fühlte. Die Pädagogik war ein solches Thema, wie denn auch schon Hannos Schulerlebnisse in den BUDDENBROOKS dichterisch interpolierte Wirklichkeit darstellen, nicht die Charakterisierung der Schulwirklichkeit schlechthin; vgl. *F. Hoffmann,* Thomas Mann und seine Welt, Hildesheim/Zürich/New York 1992; *G. Wenzel,* Buddenbrooks, in: *V. Hansen (Hg.),* Thomas Mann. Romane und Erzählungen. Interpretationen, Stuttgart 1993, S. 11-46; *L. Fertig,* Vor-Leben. Bekenntnis und Erziehung bei Thomas Mann, Darmstadt 1993.

II.

1 Bei der allgemeinen Form der Darstellung brauchen die Hinweise nicht ausdifferenziert zu werden. Ich verweise pauschal auf: *W. Sombart,* Die deutsche Volkswirtschaft im neunzehnten Jahrhundert, Berlin 1913; K. *Böhme,* Prolegomena zu einer Sozial- und Wirtschaftsgeschichte Deutschlands im 19. und 20. Jahrhundert, Frankfurt/M. 1968 (edition suhrkamp 253); *H. Motteck,* Wirtschaftsgeschichte Deutschlands. Ein Grundriß, Bd. 2, Berlin (DDR) 1969, v. a. S. 221-261; *E. Fraenkel,* Bürgertum, in: *ders./Bracher (Hg.),* Staat und Politik, Neuausgabe Frankfurt/M. 1964 (Das Fischer Lexikon 2), S. 65-72; *A. v. Martin,* Bürgertum, in: *W. Bernsdorf (Hg.),* Wörterbuch der Soziologie, Bd. 1, Frankfurt/M. 1972 (Fischer TB 6131), S. 125-132.
2 Mitgeteilt bei *E. Fraenkel* a.a.O., *S. 65.*
3 *D. u. K. Claessens,* Kapitalismus als Kultur, Düsseldorf/Köln 1973, S. 175, 214-224.
4 A.a.O., S. 224.
5 Vgl. *M. Baethge,* Ausbildung und Herrschaft, Frankfurt/M. 1970, S. 91 - 100, 113-116.
6 Bestimmungen a.a.O., S. 95.
7 Hinweise auf eine antitechnische Kulturkritik, die auch von einer Reihe von Schriftstellern getragen wurde und wird, bei *F. Dessauer,* Streit um die Technik, Frankfurt/M. 1966 (Kurzfassung 1959 als Herder Taschenbuch 53, Freiburg/Br.), passim; K.-R. *Müller-Schwefe,* Technik als Bestimmung und Versuchung, Göttingen 1965 (Kleine Vandenhoeck-Reihe 213), v. a. vgl. S. 22, 34 f.; *R. König,* Vom Einfluß der technischen Entwicklung auf Gesellschaft und Beruf, in: *Technik und Gesellschaft,* hg. Verein Deutscher Ingenieure, Freiburg/Br. 1968 (Herder Taschenbuch 306) S. 132-141, hier vgl. S. 139; *P. Koeffler,* Bildungswerte der Technik, in *Technik und Gesellschaft,* a.a.O., S. 62-78, hier vgl. S. 62-64. Die antitechnische Kulturkritik ist eingebettet in eine Denktradition, die sich um Begriffe wie Vermassung, Entmenschlichung, Verzweckung der Welt, Verlust an Innerlichkeit, Verlust der Mitte usw. gruppiert, vgl. den Überblick bei *J. Kaftschmid,* Menschsein in der industriellen Gesellschaft, München 1965, S. 100-159.
8 Vgl. *J. Kretzschmar,* Geschichte Lübecks in der Neuzeit, in: *F. Endres (Hg.),* Geschichte der Freien und Hansestadt Lübeck, Lübeck 1926, S.57-112; *K. K. Röthel,* Die Hansestädte. Hamburg - Lübeck - Bremen, München 1955; *M. Hoffmann,* Chronik der Stadt Lübeck, Lübeck 1908.
8a So eine Zusammenfassung Lübeckischer Handelspolitik bis zum Ende des 18. Jahrhunderts von *J. Hansen,* Beiträge zur Geschichte des Getreidehandels und der Getreidepolitik Lübecks, Lübeck 1912, vgl. S. 34.
9 Vgl. *4. 4. Müller,* Die ersten Germanistentage, in: *ders. (Hg.),* Germanistik und deutsche Nation 1806-1848, Stuttgart 1974 (Literaturwissenschaft und Sozialwissenschaften 2), S. 297-318, hier S. 312-31S.
10 *W. L. v. Lütgendorf,* Lübeck zur Zeit unserer Großväter, Lübeck 1907, S. 16 f.

III.

1 *Th. Mann,* Betrachtungen eines Unpolitischen (1919), zitiert nach der Ausgabe in: *ders.,* Das essayistische Werk, a.a.O., Bd. 4 (MK 116), S. 437.
2 Vgl. *Th. Mann,* Buddenbrooks (1901), zitiert nach der Taschenausgabe des Fischer-Verlags, Nr. 661, Frankfurt, seit 1960 ununterbrochen: BU S. 49 f.
3 Vgl. BU S. 169 f.
4 BU S. 52.
5 BU S. 469.
6 BU S. 348.
7 BU S. 285.
8 BU S. 443.
9 BU S. 416, vgl auch BU S. 451.
10 Vgl. BU S. 450 f.
11 Terminus nach *G. Lukács,* a.a.O., S. 22.
12 BU S. 427 f.
13 Vgl. BU S. 462-469.
14 Vgl. das lange Schulkapitel, BU S. 477-511.
15 Vgl. BU S. 424, 426.
16 BU S. 356.
17 Vgl. BU S. 511-514.
18 BU S. 513 f.
19 BU S. 348, vgl. BU S. 347.
20 Vgl. BU S. 344 f.
21 Vgl. BU S. 60.
22 Vgl. BU S. 21, 67.
23 Vgl. BU S. 445-450.
24 Vgl. BU S. 450.
25 Die Grünlich-Episoden stehen BUS. 64-80, 100-114, 117f., 121, 135-160.
26 Die Permaneder-Episoden BU S. 220-243, 248-268.
27 Vgl. BU S. 298-300, 302-304, 307 f., 356-359, 373-377, 436-438.
28 Begriff BU S. 357.
29 Vgl. BU S. 193-203, 248, 291, 294-296.
30 BU S. 163 f.
31 BU S. 27S.
32 BUS.32.
33 Vgl. BU S. 297.
34 Vgl. BU S. 306-312.
35 BU S. 318.
36 BU S. 322.
37 Vgl. BU S. 316-324.
38 Vgl. BU S. 334-336.
38a weil nunmehr auch ein „Detailhändler" in das erlauchte Gremium gewählt wurde, vgl. BU S. 454 f.
38b BU S. 131 f.
39 S. o. S. 9, die diesmaligen Zitate zur „opinio communis" der professionellen BUDDENBROOK-Deuter von *P. Altenberg,* Die Romane Thomas Manns, Bad Homburg v. d. H., 1961, S. 19, 22.

40 *G. Lukács,* a.a.O., S. 142.
41 BU S. 120.
42 BU S. 43.
43 BU S. 279.
44 Vgl. BU S. 408-412.
45 BU S. 237.
46 Begriff bei *M. Zeller,* Bürger oder Bourgeois?, 1975, a.a.O., S. 28.
47 „Bürgermeister aber konnte Thomas Buddenbrook nicht werden, denn er war Kaufmann und nicht Gelehrter, er hatte kein Gymnasium absolviert, war nicht Jurist und überhaupt nicht akademisch gebildet [...] er verwand nicht den Ärger darüber, daß das Fehlen der ordnungsmäßigen Qualifikationen es ihm unmöglich machte, in dem kleinen Reich, in das er hineingeboren, die erste Stelle einzunehmen." BU S. 417.
48 Vgl. BU S. 40.
49 Vgl. BU S. 474.
50 BU S. 54.
50a Vgl. BU S. 17S.
51 BU S. 416.
52 Vgl. BU S. 161 f. Dazu die in der ‚Bilanz' nach des Konsuls Tod beiläufig erwähnten 300000 (!) aus dem restlichen Krögerschen Erbe.
53 Vgl. BU S. 201.
54 Vgl. BU S. 176.
55 Vgl. BU S. 296.
56 Vgl. BU S. 176, 294-296.
57 Vgl. BU S. 296, 406.
58 Vgl. BU S. 54, 150, 293, 296, 318, 416.
59 Vgl. BU S. 318f., 417,474.
60 Vgl. BU S. 427.
61 Vgl. BU S. 120.
62 Ebda.
63 Vgl. BU S. 113.
64 Vgl. BU S. 110.
65 Vgl. BU S. 21.
66 Vgl. BU, ebda. u. S. 67.
67 Vgl. BU S. 28 f.
68 Ausführlichste und eigentliche Darstellung der wirtschaftspolitischen und der politischen Aktivitäten der Buddenbrooks: vgl. BU S. 243-247.
69 BU S. 244.
70 BU S.246.
71 Vgl. BU S. 277-284.
72 BU S. 317, 417.
73 S. o. Anm. 47.
74 S. o. S. 25f. Der Romanerzähler hatte diese Perspektive der Aktivitäten des Senators freilich schon einmal vorgeprägt, vgl. BU S. 419.
75 Vgl. BU S. 81, 408.
76 BU S. 318. Der Verlust aufgrund des Frankfurter Konkurses betrug im übrigen fast das Doppelte des anschließend breit thematisierten Verlustes anläßlich der Röppenrader Angelegenheit, nämlich 60000 Mark Kurant gegenüber 35000 Mark. vgl. BU S. 297, 309. Der Frankfurter Verlust ist in Talem angegeben (20000), nach der Nennung von Gerda Buddenbrooks Mitgift

sowohl in Mark Kurant (300000, BU S. 200) als auch in Talern Kurant (100000, BU S.201) beträgt der Umrechnungsfaktor zwischen Taler und Mark 3.
77 Vgl. BU S. 21, 28.
78 Vgl. BU S. 22.
79 Vgl. BU S. 243-246.
80 BU S. 64.
81 Vgl. BU S. 68.
82 Vgl. BU S. 32-3S.

IV.

1 Vgl. *J. Habermes,* Strukturwandel der Öffentlichkeit, Neuwied/Berlin 1962 u. o., S. 59.
2 *M. Horkheimer,* Autorität und Familie (1936), in: *ders.,* Kritische Theorie (hg. *A. Schmidt)* Bd. 1, Frankfurt/M. 1968, S. 277-360, hier S. 337.
3 A.a.O., S. 338.
4 A.a.O., S. 339.
5 A.a.O., S. 338.
6 Ebda.
7 A.a.O., S. 338.
8 Vgl. a.a.O., S. 356-358.
9 A.a.O., S. 345.
10 A.a.O., S. 346. Zu diesem Abschnitt vgl. auch *D. u. K. Claessens,* a.a.O., S. 170-175.
11 Vgl. *M. Freudenthal,* Bürgerlicher Haushalt und bürgerliche Familie vom Ende des 18. bis zum Ende des 19. Jahrhunderts (Auszüge aus der diss. *M. F.,* Gestaltwandel der städtischen bürgerlichen und proletarischen Hauswirtschaft -, Frankfurt/M. 1933), in: *H. Rosenbaum (Hg.),* Familie und Gesellschaftsstruktur, Frankfurt/M. 1974 (Fischer Taschenbuch 6521 - Texte zur politischen Theorie und Praxis?, S. 261-281.
12 Bezeichnenderweise entsteht erst aus diesem Kontaktverlust das „Dienstbotenproblem", d. h., die nun mangelnde praktische Erfahrung führt zu Klagen über die ‚Faulheit' und ‚Unehrlichkeit' des Dienstpersonals. Zum Nachweis am Beispiel Hamburger Bürgerhaushalte schon im 18. Jh. vgl. *E. Egner,* Epochen im Wandel des Familienhaushalts. in: *H. Rosenbaum (Hg.)a.a.O.,* S.56-87 (zuerst in *F. Geter (Hg.),* Familie und Gesellschaft, Tübingen 1966, S. 57-93), hier S. 74 f.
13 Vgl. *R. Boudet,* Die bürgerliche Familie (Auszüge aus *R. 8.,* le famille bourgeoise, in: *M. Sorre (Hg.),* Sociologie de la famille contemporaine' Paris 1955, S. 141-144), in: *H. Rosenbaum (Hg.),* a.a.O., 282-285, Zitat S. 285.
14 Und auch ein Teil der privilegierten Hausangestellten aus Gründen der Stellung und der Anpassung. Einen bewußtseinsmäßigen Anpassungsprozeß bei allen Hausangestellten nehmen *D. u. K. Claessens,* a.a.O., S. 185f., an.
15 Siehe Anm. 13.
16 Vgl. *R. Baudet,* a.a.O., S. 283.
17 Die anderen Söhne ergreifen meist die wissenschaftliche oder militärische Laufbahn.

18 Vgl. *D. u. K. Claessens*, a.a.O., S. 164.
19 A.a.O., S. 16S.
20 Vgl. *M. Horkheimer*, a.a.O., S. 354.
21 Vgl. diese Episode in BU S. 100-107.
22 Vgl. BU S. 114-116.
23 Vgl. BU S. 78 f., 101 f.
23a Vgl. BU S. 200 f.
23b *G. Lukács*, a.a.O., S. 146; vgl. *H. Koopmann*, Intellektualer Roman ..., a.a.O., S. 57.
24 Vgl. BU S. 109 f.
25 Vgl. BU S. 150.
26 Vgl. BU S. 54, 175f., 296, 474-476.
27 Vgl. BU S. 53-55.
28 Vgl. BU S. 359-373, 413.
29 Vgl. BU S. 96.
30 Freilich nimmt sie das ‚Leben' nicht im eigentlichen Sinne, sondern nur als eine Instanz, die Wünsche unterdrückt und gewisse Handlungen vorschreibt, im übrigen schicksalhaft und unberechenbar zuschlägt. Richtig beobachtet *E. Heller*, a.a.O., S. 246, daß für Tony die „Registrierung eines Gegentandes unter einem ihm völlig ungemäßen Begriff" charakteristisch ist.
31 Vgl. BU S. 396.
32 *H. Mayer*, a.a.O., S. 36f., spricht vom „Wunsch nach Dauer" (S.37) bei ständiger Unsicherheit und Krisenbedrohung.
33 *M. Havenstein*, Thomas Mann, a.a.O., S. 137
34 Vgl. BU S. 44.
35 Vgl. BU S. 81, 408, vgl. auch 163, 424.
36 Vgl. BU S. 368.
37 Vgl. BU S. 414.
38 Vgl. BU, S. 473, 477.
39 *E. Lämmen*, a.a.O., S.197. Auch *G. Lukács*, a.a.O., S.145, vgl. noch 142, schreibt, daß „die Auswahl des Materials" „subjektiv ist". Die Behauptung, daß Sozialgeschichte nur soweit erfaßt wird, „wie sie den Buddenbrooks bewußt" wird, übersieht allerdings, daß der Erzähler nicht die Buddenbrooks in jeder Beziehung schildert, sondern innerhalb der Familie einen ganz bestimmten, begrenzten Standpunkt einnimmt. - *Lämmen*, a.a.O., übrigens nutzt seine Feststellung der Perspektive für die weitere Interpretation nicht. Als literarische Technik ist ein statischer Erzählcharakter der BUDDENBROOKS vielfach gesehen und mit verschiedenen Formulierungen umschrieben worden, vgl. *E. Lämmen*, a.a.O., S. 220, 224; *H. Koopmann*, Intellektualer Roman - - a.a.O., S. 87 f.; *E. Hilscher*, a.a.O., S. 169; *G. Lukács*, a.a.O., S. 146 f., spricht treffend davon, daß Thomas Mann in den BUDDENBROOKS „ruhige Bilder" schaffe; und *E. Helfer*, a.a.O., S. 235, meint: „BUDDENBROOKS ist eine Geschichte ohne Überraschungen." Am deutlichsten werde diese Statik bei Tony, dem Repräsentanten des familiaren Innenraums, sie sei „der Zeit und dem Wechsel der Dinge enthoben", a.a.O., S. 247.
41 Vgl. *H. Mayer*, a.a.O., S. 38 f.
42 Vgl. BU S. 95, auch S. 88.
43 BU S. 17 f., 397.
44 Vgl. BU S. 12 f., 46-48. Eine entsprechende Sinndeutung des ersten Buches der BUDDENBROOKS bei *H. Koopmann*, Intellektualer Roman ..., a.a.O., S. 61-64, 87-97.

44a Möglicherweise kann man das Bestreben der Hagenströms, nach allen geschäftlichen und gesellschaftlichen Erfolgen letzten Endes doch nach der „historischen Weihe", nach dem ‚sozusagen Legitimen' zu streben, wie Thomas Buddenbrook den Kauf des alten Buddenbrookschen Hauses interpretiert (vgl. BU S. 408), als Symbol eines keimhaft angelegten Untergangs verstehen. Doch sprechen alle anderen Informationen über die Hagenströms eindeutig gegen eine Dekadenzperspektive. Die ältere literaturwissenschaftliche Betrachtung aufnehmend vgl. *H. Koopmann,* Intellektualer Roman ..., a.a.O., S. 45-47, vgl. auch *K. Schröter,* Thomas Mann, Reinbeck 1964 u. ö. (romono 93), S. 64 f.

46 Im Gegensatz zum Leitmotiv Wagnerscher Prägung. Dieses bezieht sich stets auf einen komplexen Symbol- und Sinngehalt, der in Begriffen ausgedrückt werden kann. Das epische Leitmotiv hingegen verwendet das unmittelbare sachbezogene Detail wie auch die konstante Redewendung. Erst aus einer Summe von epischen Leitmotiven können Sinn deutende Schlußfolgerungen gezogen werden, vgl. *H. Koopmann,* a.a.O.

47 *H. Koopmann,* a.a.O., S. 53 f.

48 *H. Mayer,* a.a.O., S. 111.

50 A.a.O., S. 226.

51 A.a.O., S. 199.

52 Vgl. 8. *Hillebrand,* Theorie des Romans II, Von Hegel bis Handke, München 1972, S. 96-98, 100 f. Die Verbindung von Wiederholungen und statischem Erzähleindruck und mythischem Erzählen betont *E. Lämmen,* a.a.O., S., 223 f.; zu einem ‚mythologischen' Erzählerstandpunkt bei Thomas Mann vgl. auch *H. Koopmann,* Thomas Mann, a.a.O., S. 85f.

53 S. o. S. 13 und Anm. 21, 22.

V.

1 Natürlich können an den Sinngehalten der BUDDENBROOKS auch andere Quellen nachgewiesen werden, so Wagner und Nietzsche, vgl. E. Heller, a.a.O., S. 254, 259-266. Gering veranschlagt wird der Einfluß Schopenhauers auf die BUDDENBROOKS von E. Lämmen, a.a.O., vlg. S.211, ohne daß der Interpret den Möglichkeiten eines expliziten wie impliziten Vergleichs nachgegangen wäre - eine Methode, bei der Heller, a.a.O., zu positiven Ergebnissen hinsichtlich der Charakterisierung der Individuen und der Psychologie der Menschen gelangt. Der Einfluß Schopenhauers auf das gesamte Werk Thomas Manns wird sehr hoch veranschlagt von H. Koopmann, Thomas Mann und Schopenhauer, in: P. Pütz (Hg.), a.a.O., S. 180-290. Nach Koopmann sind bei Thomas Mann Beeinflussungen durch die Gedankenwelt Schopenhauers bis in Wortwendungen hinein zu verfolgen.
Thomas Mann selbst hat die Vorherrschaft eines Schopenhauerschen und Wagnerschen Einflusses auf die BUDDENBROOKS gegenüber gegensinnigen geistigen Strömungen eingesehen und zugegeben: „Die Sache war die, daß, während in den ‚Buddenbrooks' nur der Schopenhauer-Wagner'sche Einfluß, der ethisch-pessimistische und der episch-musikalische, sich hatte geltend machen können, in ‚Tonio Kröger' das Nietzsche'sche Bildungselement zum Durchbruch kam, das fortan vorherrschend bleiben sollte.", Betrachtungen eines Unpolitischen. S. 67.
2 M. Landmann, Schopenhauer heute, (Einleitung) in: Schopenhauer, Über die vierfache Wurzel des Satzes vom zureichenden Grunde, hg. Landmann/Tielsch' Hamburg 1957 (Philosophische Bibliothek 249), S. IX-XXXIV, Zitat S. XIV.
3 A.a.O., S. X.
4 J. Schmieder, Einführung in System und Geschichte der Philosophie, Für Seminare und andere höhere Schulen bearbeitet, Leipzig 1919, S. 78. Ähnlich urteilt H. Glockner in: Philosophisches Lesebuch, Bd. 2, Stuttgart 1950 (Kröners Taschenausgabe 207), S. 51: Schopenhauer „gelangte in der zweiten Hälfte des 19. Jahrhunderts zu gewaltiger Wirkung".
5 Ähnlich wie Landmann, s. o. Anm. 2, urteilen A. Schwegler, Geschichte der Philosophie im Umriß. Neue Ausgabe von J. Stern, Leipzig (Reclam) o. J., S. 479, und J. Drews, Philosophie im ersten Drittel des neunzehnten Jahrhunderts, Leipzig 1912 (Sammlung Göschen 571, Geschichte der Philosophie VI.) S. 108 f.
6 Vgl. Th. Schwarz, Arthur Schopenhauer, in: ders., Sein, Mensch und Gesellschaft im Existenzialismus, Frankfurt/M. 1973, S. 15-42, hier vgl. S. 38.
7 M. Horkheimer, Schopenhauer und die Gesellschaft (1955), in: ders./Adorno, Sociologica II. Reden und Aufsätze, Frankfurt/M. 1962 (Frankfurter Beiträge zur Soziologie 10), S. 113-123, Zitat S. 116.
8 Th. Schwarz, a.a.O., S. 27.
9 A.a.O., S. 24.
10 Vgl. M. Horkheimer, a.a.O., S. 115.
11 Vgl. ebda. sowie Horkheimer, Die Aktualität Schopenhauers (1960), in: ders./Adorno, Sociologica II, a.a.O., S. 124-1411, S. 127.
12 H. Hermelink, Das Christentum in der Menschheitsgeschichte. Von der französischen Revolution bis zur Gegenwart, Bd. 2, Tübingen/Stuttgart 1953, S. 122.

13 Ebda. - Die Affinität zum Katholizismus besteht auch in der Lehre von der Kontemplation. Der antik-thomistischen Tradition folgend wird in der katholischen Philoso phie auch heute die Lehre von der interesselosen Anschauung, der Kontemplation als Ziel des Lebens und Verhalten des Weisen und Künstlers gelehrt. Allerdings wird nicht die Schopenhauersche Absolutsetzung vertreten, d. h. die Notwendigkeit und eine Sinnhaftigkeit - freilich derjenigen der Kontemplation untergeordnet - der Alltagswelt und ihrer Besorgungen wird nicht bestritten, vgl. *J. Pieper,* Glück und Kontemplation, München 1957 u. ö., S. 75 ff.
13a Eine Zusammenfassung diesbezüglicher Äußerungen Thomas Manns bei *B. Hillebrand,* Theorie des Romans II. von Hegel bis Handke, München 1972, S. 95 ff.
14 Treffend die sinnmäßigen Beziehungen zwischen der Geschichtsauffassung Schopenhauers und der Grundeinstellung in den BUDDENBROOKS bezeichnend, kann man hier mit einer Charakterisierung der Schopenhauerschen Geschichtsauffassung von *A. Riehl,* Zur Einführung in die Philosophie der Gegenwart, Leipzig 1904, S. 214 definieren.
15 In derselben Weise wie die eben gebrauchte Formulierung Riehls kann an dieser Stelle eine Bestimmung Horkheimers zum Schopenhauerschen Geschichtsbild eingesetzt werden, *M. Horkheimer,* Schopenhauer und die Gesellschaft, a.a.O., S. 118.
16 Zum Begriff der „Haltungsmoral" vgl. *G. Lukács, a.a.O., S. 21 f., E. Hielscher,* a.a.O., S. 14.
17 *A. Riehl!,* a.a.O., S. 249 f.
18 *M. Horkheimer,* Die Aktualität Schopenhauers, a.a.O., S. 139.
19 Vgl. BU S. 381, 44S.
19a *Th. Mann, Betrachtungen eines Unpolltischen, a.a.O., S. 78*
20 *Th. Mann,* Lebensabriß (1930), in: *ders.,* Das essayistische Werk, a.a.O., Bd. 7: Autobiographisches (MK 119), S. 220-255, Zitat S. 229 f.
21 Vgl. *Th. Mann,* Betrachtungen eines Unpolitischen, a.a.O., S. 79 f., Zitat S. 79.
22 Zu Thomas Mann vgl. *K. Schröter,* a.a.O., S. 26 f., 4S.
Zu Schopenhauer vgl. *Schwegler/Stern,* a.a.O., S. 477-479; *J. Schmieder,* a.a.O., S. 77 f.; *M. Apel,* Die Weltanschauungen der großen Denker, Leipzig (1929, Reclam), S. 121 - 124; *Walter Abendroth,* Arthur Schopenhauer in Selbstzeugnissen und Bilddokumenten, Reinbek 1967 (rowohlts monographien 133), S. 12-20; *K. Pisa,* Schopenhauer. Kronzeuge einer unheilen Welt, Wien/Berlin 1977.
23 *Thomas Mann* hat in einem späteren Essay über Schopenhauer (1938) (Das essayistische Werk, a.a.O., Bd. 2: Schriften und Reden zur Literatur, Kunst und Philosophie 2 (MK 114), S. 251-290) gerade diese Seite der Schopenhauerschen Philosophie hervorgehoben, vgl. K. *Schröter,* a.a.O., S. 61.
24 *Schröter,* a.a.O., S. 47.
25 Vgl. *M. Horkheimer,* Schopenhauer und die Gesellschaft, a.a.O., S. 117; *ders.,* Die Aktualität Schopenhauers, a.a.O., S. 127.
26 *Th. Schwarz,* a.a.O., S. 34.
27 A.a.O., S. 3S.
28 Ebda.
29 *C. Grottewitz,* Qù est Schopenhauer? Zur Psychologie der modernen Literatur (1890) in: *G. Wunberg (Hg.),* Die literarische Moderne. Dokumente zum Selbstverständnis der Literatur um die Jahrhundertwende, Frankfurt/M. 1971, S. 63-68, Zitat S. 63.

30 Ebda.
31 A.a.O., S. 6S.
32 A.a.O., S. 66.
33 Die französische Literatur wie auch das intellektuelle Leben sind in dieser Zeit voll von Gedanken an die „Décadence". Ohne daß Einzelbezüge direkt nachgewiesen werden können, geht aus der Dissertation von *Martin Schlapper,* Thomas Mann und die französische Literatur. Das Problem der Décadence, Sarlouis 1960 (diss. Bem 1947), hervor, daß Verfallsstimmung allenthalben in der Luft lag, wenn Thomas Mann französische Literatur aufschlug. Die spezifische, national-politische Färbung bestimmter französischer Décadence-Haltungen hat sich nicht auf Thomas Mann übertragen.
34 Vgl. *Walter Grüters,* Der Einfluß der norwegischen Literatur auf Thomas Manns „Buddenbrooks", Düsseldorf 1961 (diss. Bonn 1961).
35 Vgl. *H. Lehnen,* Thomas Mann und die Forschung. Ein Bericht, Stuttgart 1969, S. 49.
36 *K. Schröter,* a.a.O., S. 12.
37 Vgl. *Th. Mann,* Lebensabriß, a.a.O., S. 220.
38 A.a.O., S. 222; vgl. auch *Th. Mann,* Ansprache in Lübeck (1955), in: *ders.,* Das essayistische Werk 7, a.a.O., S. 415-417, hier 417.
39 *Th. Mann,* Lebensabriß, a.a.O., S. 222.
40 Vgl. *K. Schröter,* a.a.O., S. 25 f.
41 *Th. Mann,* Lebensabriß, a.a.O., S.220; vgl.euch *K. Schröter,* a.a.O., S. 14-16.
42 Vgl. die ausführliche Darstellung mit Zitaten aus dem Bericht des Onkels bei *P. de Mendelssohn,* Der Zauberer. Das Leben des Schriftstellers Thomas Mann. Erster Teil 1875-1918, Frankfurt/M. 1975, S. 267-271.
43 *Th. Mann,* Lebensabriß, a.a.O., S. 234.
44 *Th. Mann,* Brief an Otto Grautoff vom 26.11.1901, in: *Th. Mann,* Briefe an Otto Grautoff 1894-1901 und Ida Boy-Ed 1903-1928, *hg. von P. de Mendelssohn,* Frankfurt/M. 1975, S. 139 f., Zitat S. 140.
Th. Mann versuchte auch später die Rezeption seiner Werke z. B. in Lübeck zu steuern, wie die Briefe an die Kritikerin Ida Boy-Ed zeigen; vgl. dazu *M. Reich-Ranicki,* Nichts erlebt und alles beschrieben. Thomas Manns Briefe an seinen Jugendfreund Otto Grautoff und an die Schriftstellerin Ida Boy-Ed, in: Frankfurter Allgemeine vom 17.04.1976, Beilage „Bilder und Zeiten".
45 *Th. Mann,* Betrachtungen eines Unpolitischen, a.a.O., S. 437.

VII. Literaturverzeichnis

1. Werke Thomas Manns

Thomas Mann, Buddenbrooks. Verfall einer Familie (1901), zitiert nach der Taschenausgabe des Fischer-Verlages 661, Frankfurt/M. 1960 u. ö.
Thomas Mann, Briefe an Otto Grautoff 1894-1901 und Ida Boy-Ed 1903-1928. hg. vor *P. de Mendelssohn,* Frankfurt/M. 1975.
Thomas Mann, Das essayistische Werk, 8 Bde. hg. von *H. Bürgin,* Frankfurt/M. 1968 (Fischer TB - Moderne Klassiker 113-120).

2. Sekundärliteratur

W. Abendroth, Arthur Schopenhauer in Selbstzeugnissen und Bllddokumenten, Reinbek 1967 (romono 133).
M. Apel, Die Weltanschauungen der großen Denker, Leipzig 1929.
P. Aftenberg, Die Romane Thomas Manns, Bad Homburg v. d. H. 1961.
M. Baethge, Ausbildung und Herrschaft, Frankfurt/M. 1970.
F. Behnsen u. a., Deutsches Bürgertum in der Literatur, am Beispiel Heinrich und Thomas Mann, in: *Hölsken/Sauer/Schneff (Hg.),* Sprache, Literatur und Kommunikation. Kursmodelle für das Fach Deutsch in der Sekundarstufe II, Leistungskurse. Stuttgart 1974 (Zur Praxis des Deutschunterrichts 1), S. 108-134.
H. Böhme, Prolegomena zu einer Sozial- und Wirtschaftsgeschichte Deutschlands im 19. und 20. Jahrhundert, Frankfurt/M. 1968 (edition Suhrkamp 253).
R. Boudet, Die bürgerliche Familie (1955), in: *H. Rosenbaum (Hg.),* Familie und Gesellschaftsstruktur, Frankfurt/M. 1974 (Fischer TB 6521), S. 282-285.
D. u. K. Claessens, Kapitalismus als Kultur, Düsseldorf/Köln 1973.
Deutscher Industrie- und Handelstag (Hg.), Der Deutsche Industrie- und Handelstag in seinen ersten hundert Jahren, Bonn 1962.
F. Dessauer, Streit um die Technik, Frankfurt/M. 1966, Kurzfassung Freiburg/Br. 1959 (als Herder TB 53).
J. Drews, Philosophie im ersten Drittel des neunzehnten Jahrhunderts, Leipzig 1912 (Sammlung Göschen 571, Geschichte der Philosophie VI).
U. Ebel, Welthaftigkeit als Welthaltigkeit. Zum Verhältnis von mimetischem und poetischem Anspruch in Thomas Manns ‚Buddenbrooks', in: *R. Wiecker (Hg.),* Gedenkschrift für Thomas Mann 1875-1975, Kopenhagen 1975, S. 9-51.
E. Egner, Epochen im Wandel des Familienhaushalts (1968), in: *H. Rosenbaum (Hg.)* Familie und Gesellschaftsstruktur, Frankfurt/M. 1974 (Fischer TB 6521), S. 56-87.
L. Fertig, Vor-Leben. Bekenntnis und Erziehung bei Thomas Mann, Darmstadt 1993.
E. Fraenkel, Bürgertum, in: *ders./Bracher (Hg.),* Staat und Politik, Neuausgabe Frankfurt/M. 1964 (Das Fischer Lexikon), S. 65-72.
M. Freudenthal, Bürgerlicher Haushalt und bürgerliche Familie vom Ende des 18. bis zum Ende des 19. Jahrhunderts, in: *H. Rosenbaum (Hg.),* Familie und Gesellschaftsstruktur, Frankfurt/M. 1974 (Fischer TB 6521), S. 261-281.

H. Gallas, Proletarische Literatur und bürgerliche Rezipienten, in: alternative 90 (Juni 1973), S. 138-147).

C. Grottewitz, Où est Schopenhauer? Zur Psychologie der modernen Literatur (1890), in: *G. Wunberg (Hg.),* Die literarische Moderne. Dokumente zum Selbstverständnis der Literatur um die Jahrhundertwende, Frankfufl/M. 1971, S. 63-68.

H. Glockner (Hg.) Philosophisches Lesebuch, Bd. 2, Stuttgart 1950 (Kröners Taschenausgabe 207).

H. Grau, Die Darstellung gesellschaftlicher Wirklichkeit im Frühwerk Thomas Manns, Diss. Freiburg/Br. (hektographiert) 1971.

W. Grüters, Der Einfluß der norwegischen Literatur auf Thomas Manns „Buddenbrooks", Düsseldorf 1961 (Diss. Bonn 1961).

J. Habermas, Strukturwandel der Öffentlichkeit, Neuwied/Berlin 1962 u. ö.

J. Hansen, Beiträge zur Geschichte des Getreidehandels und der Getreidepolitik Lübecks, Lübeck 1912.

M. Havenstein, Thomas Mann. Der Dichter und Schriftsteller, Berlin 1927.

E. Heller, Thomas Mann: Buddenbrooks (1959), in: *J. Schillemeit (Hg.),* Deutsche Romane von Grimmelshausen bis Musil, Frankfurt/M. 1966 u. ö. (Interpretationen III, Fischer TB 6022), S. 230-268.

H. Hermetink, Das Christentum in der Menschheitsgeschichte. Von der französischen Revolution bis zur Gegenwart, Bd. 2, Tübingen/Stuttgart 1953.

B. Hillebrand, Theorie des Romans, Bd. 2, Von Hegel bis Handke, München 1972.

E. Hilscher, Thomas Mann. Leben und Werk, Berlin (DDR), 1966, (Schriftsteller der Gegenwart 15).

F. Hoffmann, Thomas Mann und seine Welt, Hildesheim/Zürich/New York 1992.

M. Hoffmann, Chronik der Stadt Lübeck, Lübeck 1908.

M. Horkheimer, Autorität und Familie (1936), in: *ders.,* Kritische Theorie (hg. von *A. Schmidt),* Bd. 1, Frankfurt/M. 1968, S. 277-360.

M. Horkheimer, Schopenhauer und die Gesellschaft (1955), in: *ders./Adorno,* Sociologica II. Reden und Aufsätze, Frankfurt/M. 1962 (Frankfurter Beiträge zur Soziologie 10), S. 113-123.

M. Horkheimer, Die Aktualität Schopenhauers (1960), in: *ders./Adorno,* Sociologica II a.a.O., S. 124-141.

J. Kaltschmid, Menschsein in der industriellen Gesellschaft, München 1965.

F. Kaul, Die ‚Buddenbrooks' als Gesellschaftsroman, in: Der Deutschunterricht 11 (1959) H. 4, S. 88-103.

P. König, Vom Einfluß der technischen Entwicklung auf Gesellschaft und Beruf, in *Technik und Gesellschaft, hg. vom Verein Deutscher Ingenieure,* Freiburg/ Br. 1968 (Herder TB 306), S. 132-141.

H. Koopmann, Die Entwicklung des ‚intellektualen Romans' bei Thomas Mann, Bonn 1962 (Bonner Arbeiten zur deutschen Literatur 5).

H. Koopmann, Thomas Mann und Schopenhauer, in: *P. Pütz (Hg.),* Thomas Mann und die Tradition, Frankfurt/M. 1971 (Athenäum Paperbacks Germanistik 2), S. 180-200.

H. Koopmann, Thomas Mann, Leben und Werk, Göttingen 1975.

P. Koeßler, Bildungswerte der Technik, in: *Technik und Gesellschaft, a.a. O., S.* 62-78

J. Kretzschmar, Geschichte Lübecks in der Neuzeit, in: *F. Endres (Hg.)* Geschichte der Freien und Hansestadt Lübeck, Lübeck 1926, S. 57-112.

J. Kuczynski, Thomas Mann. Zwei Studien über die gesellschaftliche Entwicklung eines Humanisten des deutschen Bürgertums. A. Die Wahrheit, das Typische und die ‚Buddenbrooks', in: *ders.,* Zur westdeutschen Historiographie, Berlin (DDR) 1966 *(ders.,* Die Geschichte der Lage der Arbeiter unter dem Kapitalismus 1, 17), S. 78-102, 1966 (Weitere Druckorte s. *H. Matter (Bearb.),* Die Literatur über Thomas Mann, Berlin/Weimar 1972, Bd. 1, Nr. 5067, 5069).

E. Lämmen, Thomas Mann - Buddenbrooks, in: *B. v. Wiese (Hg.),* Der Deutsche Roman. Vom Barock bis zur Gegenwart, Bd. 2, Düsseldorf 1962, S. 190-233.

M. Landmann, Schopenhauer heute, (Einleitung) in: *A. Schopenhauer,* Über die vierfache Wurzel des Satzes vom zureichenden Grunde, hg. *Landmann/ Tielsch,* Hamburg 1957 (Philosophische Bibliothek 249), S. IX-XXXIV.

H. Lehnen, Thomas Mann und die Forschung. Ein Bericht, Stuttgart 1969.

H. Lehnen, Die Künstler-Bürger-Brüder. Doppelorientierung in den frühen Werken Heinrich und Thomas Manns, in: *P. Pütt (Hg.),* Thomas Mann und die Tradition, Frankfurt/M. 1971 (Athenäum Paperbacks Germanistik 2), S. 14-51.

M. H. Ludwig, Perspektive und Weltbild in Thomas Manns BUDDENBROOKS, in: *M. Brauneck (Hg.),* Der deutsche Roman im 20. Jahrhundert, Bd. 1, Bamberg 1976, S. 82-106.

G. Lukács, Thomas Mann, Berlin (DDR) 1957.

W. L. v. Lütgendorf, Lübeck zur Zeit unserer Großväter, Lübeck 1907.

A. v. Manin, Bürgertum, in: W *Bernsdorf (Hg.)* Wörterbuch der Soziologie, Taschenausgabe Bd. 1, Frankfurt/M. 1972 (Fischer TB 6131), S. 125-132.

H. Mayer, Thomas Mann. Werk und Entwicklung, Berlin (DDR) 1950.

P. de Mendelssohn, Der Zauberer. Das Leben des Schriftstellers Thomas Mann. Erster Teil 1875-1918, Frankfurt/M. 1975.

H. Motteck, Wirtschaftsgeschichte Deutschlands. Ein Grundriß, Bd. 2, Berlin (DDR) 1969.

J. J. Müller, Die ersten Germanistentage, in: *ders. (Hg.),* Germanistik und deutsche Nation 1806-1848, Stuttgart 1974 (Literaturwissenschaft und Sozialwissenschaften 2), S. 297-318.

H.-R. Müller-Schwefe, Technik als Bestimmung und Versuchung, Göttingen 1965 (Kleine Vandenhoeck Reihe 213).

J. Pieper, Glück und Kontemplation, München 1967 u. ö.

K. Pisa, Schopenhauer. Kronzeuge einer unheilen Welt, Wien/Berlin 1977.

W. Rehm, Geschichte des deutschen Romans II, Berlin/Leipzig 1927 (Sammlung Göschen 956).

M. Reich-Ranicki, Nichts erlebt und alles beschrieben. Thomas Manns Briefe an seinen Jugendfreund Otto Grautoff und an die Schriftstellerin Ida Boy-Ed, in: Frankfurter Allgemeine vom 17.04.1976, Beilage „Bilder und Zeiten".

A. Riehl, Zur Einführung in die Philosophie der Gegenwart, Leipzig 1904.

H. K. Röthel, Die Hansestädte. Hamburg - Lübeck - Bremen, München 1955.

K.-J. Rothenberg, Das Problem des Realismus bei Thomas Mann. Zur Behandlung von Wirklichkeit in den ‚Buddenbrooks'. Köln/Wien 1969.

M. Schlapper, Thomas Mann und die französische Literatur. Das Problem der Décadence, Saarlouis 1950 (Diss. Bern 1947).

J. Schmieder, Einführung in System und Geschichte der Philosophie. Für Seminare und höhere Schulen bearbeitet, Leipzig 1919.

K. Schröter, Thomas Mann in Selbstzeugnissen und Bilddokumenten, Reinbek 1964 u.ö. (romono 93).

Th. Schwarz, Arthur Schopenhauer, in: *ders.,* Sein, Mensch und Gesellschaft im Existenzialismus, Frankfurt/M. 1973, S. 15-42.

A. Schwegler, Geschichte der Philosophie im Umriß. Neue Ausgabe von *J. Stern,* Leipzig (Reclam) o. J.

W. v. Siemens, Lebenserinnerungen, Berlin 1892 u. ö.
A. Soergel, Dichtung und Dichter der Zeit (1911), 6. Abdruck, Leipzig 1919.
W. Somban, Die deutsche Volkswirtschaft im 19. Jahrhundert, Berlin 1913.
G. Wenzel, Buddenbrooks, in: *V. Hansen (Hg.),* Thomas Mann. Romane und Erzählungen. Interpretationen, Stuttgart 1993, S. 11-46.
W. Wikschegg, Stirbt der Unternehmer?, Wien/Düsseldorf 1964.
M. Zeller, Bürger oder Bourgeois? Eine literatursoziologische Studie zu Thomas Manns ‚Buddenbrooks', in: aus politik und zeitgeschichte, Beilage zu DAS PARLAMENT 22/76 (31. Mai) S.11-23.
M. Zeller, Bürger oder Bourgeois? Eine literatursoziologische Studie zu Thomas Manns ‚Buddenbrooks' und Heinrich Manns ‚Im Schlaraffenland', Stuttgart 1976 (Literaturwissenschaft - Gesellschaftswissenschaft 18).